MEMOIRES

POUR SERVIR A

L'HISTOIRE

DE NOTRE TEMS,

OU

L'ON DEDUIT HISTORIQUEMENT

LE DROIT & LE FAIT

DE LA

GUERRE SANGLANTE.

Qui trouble actuellement

TOUTE L'EUROPE.

PAR

L'OBSERVATEUR HOLLANDOIS,

REDIGEZ ET AUGMENTEZ PAR M. D. V.

A FRANCFORT ET LEIPSIG,

AUX DEPENS DE LA COMPAGNIE.

MDCCLVIII.

MEMOIRES

POUR SERVIR 'A

L'HISTOIRE

DE NOTRE TEMS,

OU

L'ON DEDUIT HISTORIQUEMENT

LE DROIT & LE FAIT

DE LA

GUERRE SANGLANTE.

QUI TROUBLE TOUTE L'EUROPE.

Numero Premier.

DEDUCTION HISTORIQUE DU DROIT ET DU FAIT DE LA GUER-RE PRESENTE *.

Depuis qu'on a vu le fer meurtrier en-
fanglanté, & qu'on a publié les Secrets les plus cachés des Cours, Faits
qui font les principaux argumens dont le
Roi de Pruffe fe fert pour prouver qu'il a été forcé de faire la Guerre à l'Imperatrice Reine de
Hongrie & de Bohéme, & au Roi de Pologne,
en qualité d'Electeur de Saxe; il eft permis à un
chacun de dire librea ent ce qu'il penfe de la

A 2   Guer-

* Vid. Epift. ad Amic.

Guerre qui ravage l'Allemagne, d'autant plus que les Puissances belligerantes Elles-mêmes, provoquent au jugement du Public*. Je crois que personne ne peut me refuser ce droit, depuis qu'un certain Voyageur s'est flatté d'avoir détruit, presque sans peine, dans une lettre qu'il écrivit de Dantzig, à un de ses amis de Stralfund, toutes les objections qu'on a faites contre le *Mémoire Raisonné* publié par ordre du Roi de Prusse, afin de convaincre le Public que la Guerre qu'il a déclarée à l'Imperatrice Reine, est une Guerre juste, & d'avoir prouvé d'une maniere convaincante, que les motifs qui ont déterminé ce Prince à faire la Guerre, mettent sa conduite à couvert de tout reproche. Je lui rendrai cependant justice: on trouve dans son ouvrage tout ce que les partisans de la Cour de Berlin on dit de plus fort en faveur du Roi de Prusse, & il établit très bien l'état des démelés qui plongent les Nations les plus florissantes de l'Europe dans une Guerre sanglante.

Les troubles qui agitent l'Allemagne ont paru d'une si grande consequence, que les plus habiles politiques se sont appliqués à en rechercher la cause. La plupart ont écrit selon qu'ils étoient affectés. Les uns ont condamné la Cour de Vienne & justifié celle de Berlin; les autres ont tenu une conduite opposée.

Tant de différens écrits n'ont point été inutiles: une lecture attentive des uns & des autres suffit

---

* V. Epistola de Belli Causis. 4to.

suffit pour découvrir de quel côté la justice se trouve, parcequ'il est facile de voir lesquels de ces politiques ont suivi le flambeau de la vérité. Comme on peut donc distinguer aujourd'hui le vrai du faux, je me suis déterminé à développer mes idées sur cette importante affaire; & afin de ne point perdre de tems dans des préambules inutiles, je vais entrer en matiere. Je suivrai autant qu'il me sera possible, le plan de l'Auteur si savant en droit, dont j'ai parlé: je discuterai avec toute l'impartialité possible, la verité desdits faits qu'il a avancés; je mettrai plus de liaison entre eux, j'en rapporterai quelques autres qu'il a malicieusement passés sous silence; j'examinerai la force de ses raisonnemens; je tâcherai de découvrir s'il a erré dans le fait & dans le droit, & j'exposerai le tout au grand jour, afin qu'on puisse juger de quel côté la justice & le bon droit se trouvent. *Je sais que cette entreprise est extrêmement difficile à executer, & qu'elle est même temeraire, mais j'espère réussir.*

I. Pour examiner à fond la force des preuves & des argumens qu'on trouve dans le *libelle* dont j'ai parlé, il faut remonter à ces tems heureux où l'Auguste Princesse, qui gouverne avec tant de sagesse les vastes Etats de l'Illustre Maison d'Autriche, monta sur le trone de ses peres, n'aiant pour tout appui, que la justice de sa cause, sa constance & sa fermeté. Sa vertu la fit triompher de ses ennemis, & elle conserva presque tous ses pais hereditaires malgré les efforts de

ses

ſes puiſſans Competiteurs. A peine Charles VI. fut-il mort, que le Roi de Pruſſe fit revivre des prétenſions amorties ſur quatre principautés de la Sileſie, dans laquelle il entra avec une puiſſante armée. La Cour de Vienne refuta d'une maniè-re ſolide, les Mémoires publiés par celle de Berlin, & allegua pour ſa juſtification, une longue & paiſible poſſeſſion de la Sileſie, ſuivant en cela l'exemple de Jephté, Juge des Hébreux, à l'égard des Ammonites, & celui des Romains à l'égard des Perſes. Une victoire complette que les Puiſſances injuſtement attaquées remportèrent ſur leurs ennemis, fut une preuve de la juſtice de leur cauſe. L'Imperatrice Reine, qui ſe trouvoit préciſement alors dans le même cas que ces peuples, repréſenta au Roï de Pruſſe, qu'il lui avoit lui même garanti la Sileſie, & qu'il s'étoit engagé par des promeſſes ſolemnelles à faire obſerver la Pragmatique-Sanction. Des raiſons ſi ſolides ne firent aucune impreſſion ſur ce Prince, & la Reine ne put jamais l'engager à mettre les armes bas. Cette Auguſte Princeſſe ſe voiant environnée de tous côtés d'ennemis auxquels elle ne pouvoit réſiſter ſans expoſer la vie de ſes ſujets, aima mieux ceder au tems, & abandonner quelque partie de ſes Etats, afin d'épargner le ſang Allemand & de s'aſſurer la poſſeſſion de ſes autres Païs héréditaires.

En conſequence des diſpoſitions paciſiques de la Reine, & des démarches du Miniſtre de l'Angleterre à la Cour de Vienne, on fit le 9. d'O-

ctobre

ctobre 1741. à Schnellendorf, un Traité par lequel la Reine promettoit de ceder au Roi de Prusse, à la Paix générale, la Basse Silesie, comprise entre la riviere de Neisse d'un côté, & le Duché d'Oppelen de l'autre. Cette Auguste Princesse promit de donner, en consequence de ses engagemens, des ordres secrets au Commandant de la Citadelle de Neisse pour remettre cette place à l'armée Prussienne, après qu'elle auroit fait toutes les dispositions apparentes d'un siége, & qu'elle seroit restée une semaine devant cette place. Le Roi de Prusse, content de cette cession, s'engagea de son côté à retirer ses troupes, & promit solemnellement de ne plus attaquer directement, ni indirectement la Reine, ni aucun de ses Alliés. Ces faits & ces circonstances ne se trouvent point dans la collection des Actes que la Cour de Berlin a fait publier. L'Auteur dont j'ai parlé, a eu aussi, sans doute, ses raisons pour les passer sous silence. Mais voilà l'origine de la première infraction que le Roi de Prusse a faite aux Traités.

II. La forteresse de Neisse aiant été remise au Roi de Prusse dans le tems dont on étoit convenu, ce Prince promit de nouveau de mettre les armes bas, & d'entrer en alliance avec l'Auguste Maison d'Autriche. Mais à peine les troupes furent-elles sorties de leurs quartiers d'hyver, & l'Electeur de Baviére, qui étoit le principal Competiteur que la Maison d'Autriche eut, fut-il couronné Empereur, que le Roi de Prus-

se

se pensa à profiter des facheuses circonstances où la Reine se trouvoit, persuadé qu'il lui seroit facile de s'aggrandir encore aux dépens de l'Illustre Maison d'Autriche, dont plusieurs Puissances vouloient partager le Patrimoine entr'elles; il oublia ses promesses, rompit la paix & recommença les hostilités, sans en avoir prévenu la Cour de Vienne.

III. Ce Prince ne se trompa point dans ses conjectures; les choses tournerent comme il l'avoit souhaité. La Reine, environnée d'ennemis de tous côtés, fut obligée d'avoir recours aux Negociations. Les Articles Préliminaires, arretés le 11. Janvier 1742. à Breslau, servirent de base & de fondement au Traité, fait à Berlin, le 28. du mois de Juillet suivant, par lequel la Reine renonçoit à toutes prétensions sur le Duché de Silesie, & sur le Comté de Glatz, & les cedoit au Roy de Prusse. Ce Prince n'alleguoit ancune raison pour demander ce Comté, si non qu'il étoit trop voisin de la Silesie. On sentoit assez le ridicule d'une telle prétension, mais que ne fait-on pas lorsqu'on est sur le point de tout perdre.

IV. Je ne veux cependant point examiner si cette cession étoit juste, ou non: dès qu'on a souscrit aux conditions d'un Traité, il faut les remplir, soit qu'elles soient justes, ou injustes; aussi long-tems que les parties contractantes gardent leurs promesses. La paix est si chere & si précieuse, qu'on refuse, selon le droit des Gens,

le

le benefice de l'Edit *quod metus caufa*, aux Princes qui traitent de la paix, & auxquels le pur fait tient lieu de la Loi, qu'une dernière Victoire & un confentement, quoi qu'extorqué par la force des armes, ont fait faire.

V. Je n'examinerai donc point la juftice & l'équité de ce Traité, ni les fuites facheufes qu'il a eues. Je n'en prendrai connoiffance qu'autant qu'il peut avoir rapport aux évenemens qui l'ont fuivi, afin de faire voir par quel droit le Roi de Pruffe s'eft emparé de toute la Silefie, & de deux Provinces, pendant qu'il ne revendiquoit qu'une partie de ces Païs.

VI. Tous les bons Auteurs conviennent avec Grotius, qu'il n'y a que deux cas où il foit permis à un Prince de prendre les armes. I^{mo}. Il lui eft permis de faire la guerre pour rentrer en poffeffion des Païs qu'un Ennemi lui a enlevés, & qu'il refufe de lui reftituer. II^{do}. Pour fe venger d'une injure qu'il a reçue, lorfque l'Aggreffeur ne veut pas faire une réparation proportionnée à l'offenfe, ou qu'il diffère trop longtems de la faire. Toutes les fois qu'un Prince prend les armes pour rentrer en poffeffion de fes propres Etats, il eft autorifé, felon ces Auteurs, à faire la conquête de ce Païs, ou à s'emparer de quelque autre qui foit à-peu-près de la même valeur; mais il n'a aucun droit fur les autres biens de fon ennemi vaincu. Il ne lui eft pas même permis, felon les maximes d'une bonne morale, de fe dedommager des frais de la guerre, re, quand la bonne foi qui procede d'une juste possession, excuse le possesseur, de même que cela se pratique entre les particuliers dans les tribunaux auxquels les guerres entre les Princes qui ne reconnoissent point de superieur, sont substituées.

VII. Mais y eut-il jamais de bonne foi plus grande, & mieux fondée que celle de la Fille de Charles VI., de glorieuse memoire, dans la possession des vastes Etats de la Maison d'Autriche? Ils lui étoient dévolus, selon les Loix de la Nature; ils-lui étoient assurés par la Pragmatique-Sanction que tous les Princes du Corps Germanique, dont le Roi de Prusse est Membre, avoient promis de faire observer: enfin ils lui étoient confirmés par une ancienne & paisible possession. Le droit de conquête ne s'étendoit donc que sur les quatre principautés, sur lesquelles le Roi de Prusse prétendoit avoir un droit, & dont la décision avoit été remise aux sort des armes. Il s'est mis, en voulant donner une plus grande étendue à ce droit, dans le cas qu'on dit de lui avec Tite-Live, *qu'il avoit dessein de satisfaire sa haine, & de remplir son ambition.*

VIII. Je sais que dans les Etats du Roi de Prusse, les deux Coccejus qui ont exercé les premières charges de la Magistrature, ont soutenus pour la première fois, que le vainqueur avoit un plein pouvoir sur la personne & les biens de son Competiteur, & qu'ils ont voulu faire passer Grotius, pour un vieux radoteur, lorsqu'il a traité du droit volontaire des Gens,

&

& qu'il a refuté les objections qu'on pouvoit faire contre son sistéme.

IX. Mais qu'il me soit permis, sans offenser ces Messieurs, de leur repondre, que cette dispute est une dispute de mots, ou que personne ne rejettera le sentiment de Grotius, pour embrasser leur sistéme.

X. Si ces grands hommes croient qu'il est permis selon les Loix de la Nature, de laisser impunies plusieurs actions qui se passent entre des ennemis, afin d'eviter un plus grand mal, en accordant même un *droit au crime*, comme nous l'apprennons des Anciens, c'est-à-dire, en le permettant & non pas en le commandant *, la question se reduit alors à une dispute de mots. Dans ce cas, nous ne ferons point difficulté de dire que les deux Coccejus sont du même sentiment que le savant Grotius.

XI. Si, au contraire, les Coccejus, prétendent que la Loi Naturelle donne au Vainqueur un pouvoir illimité sur la personne & sur les biens de ses ennemis, où trouveront - ils quelqu'un qui rejette le sistéme de Grotius pour embrasser le leur? A quels inconveniens un tel sistéme n'est il pas sujet? Il nous rappelle ces tems malheureux où les puissances Belligerantes se depouilloient de tout sentiment d'humanité, & croyoient qu'il leur étoit permis d'assouvir leurs passions dereglées, je veux dire l'avarice & la cruauté. Hobbesius n'a point fait difficulté de

sou-

* Ziegler. sur Grot. liv. I. ch. 2. §. 5.

foutenir ce fiftéme impie: ce faux Politique a eu l'impudence d'avancer, fans diftinction, que la guerre étoit naturelle au genre humain, & qu'il étoit permis de la faire à ceux que l'on jugeoit à propos & pour quelle caufe que ce peut être, quoique *fi le vainqueur ne reconnoiffoit d'autres Loix que fa volonté; & qu'il lui fut permis de s'emparer de tous les biens de l'ennemi vaincu, toutes les guerres feroient mortelles & contre la Nature* *.

XII. Or, fi on admet le fiftéme des Coccejus, la guerre entre les Chrétiens feroit de la même nature, parceque, felon le droit de *Rétorfion*, la Cour de Berlin feroit obligée de fuivre la Loi qu'elle impofe aux autres. Les Chrétiens font valoir ce droit à l'égard des Payens & des Infideles, parcequ'ils en agiffent ainfi avec eux. Cette difcuffion du Droit public, neceffaire dans le cas préfent, m'a fait perdre de vue mon principal fujet, auquel je reviens.

XIII. On convint dans le Traité de Breslau, des Articles fuivant. I^mo. Le Roi de Pruffe promit & s'engagea de ne fournir aucuns fecours aux ennemis de la Reine de Hongrie & de Bohême. II^do. De n'avoir aucune rélation directe ou indirecte, qui put-être contraire aux Loix de la Paix: III^tio. Les parties Contractantes s'engagerent à faire ceffer de part & d'autre les hoftilités, fe promirent fecurité & indemnité, & convinrent de fe procurer mutuellement tous

les

* Alberic Gentil.du droit de la guerre liv.2.chap. 1.

les avantages poffibles. IV^{to}. Le XIme Article du Traité de Breslau, & le XIVme, de celui de Berlin, qu'on appelle communement le Traité de Breslau, comprennent l'Impératrice de toutes les Ruffies, ancienne alliée de l'Augufte Maifon d'Autriche, & le Roi de Pologne comme Electeur de Saxe, à condition que ce Prince rappelleroit, fur le champ, fes troupes de l'Armée des François, de la Bohême & de tous les Païs appartenants à la Maifon d'Autriche.

XIV. Cette condition ne devoit point être agreable à l'Electeur de Saxe, qui, gagné par le Roi de Pruffe, avoit declaré la guerre à la Reine. Ce Prince devoit fouffrir, avec peine, que S. M. P. lui dictât les Loix de la paix, & qu'Elle s'appropriât tous les fruits d'une guerre qui avoit été entreprife de concert; & quoique chacun eut fes raifons pour faire la guerre, cependant comme l'Electeur de Saxe n'avoit point pris les armes à deffein d'étendre les limites de fes Etats, aux depens de l'Héritiére de la fucceffion d'Autriche, mais uniquement par les confeils des ennemis de la Reine, & afin de n'être pas exclu du partage que les Puiffances Belligerantes faifoient du Patrimonie de la Maifon d'Autriche, il acceda non feulement au Traité de paix, mais, charmé d'avoir trouvé une occafion favorable pour referrer les nœuds qui l'uniffoient avec l'Augufte Héritiere de Charles VI., & de la maintenir dans tous fes droits, il renouvella le 20. de Decembre 1743, fes anciemciennes Alliances avec la famille Impériale : cette démarche fut faite de l'aveu & du consentement du Roi de Prusse, qui avoit un intérêt particulier à faire accéder l'Electeur de Saxe au Traité de paix, parcequ'il savoit que ce Prînce formoit des prétensions sur les Provinces que la Reine lui avoit cedées.

XV. Qui auroit jamais pu se persuader qu'une paix faite avec le consentement de toutes les parties contractantes, seroit d'un aussi courte durée ? La Reine de Hongrie & de Bohême ne pouvoit le soupçonner, parce qu'elle jugeoit des autres par elle même : comme la droiture & la bonne foi étoient la regle de sa conduite, elle croyoit que les autres Puissances contractantes pensoient comme elle. Comptant donc sur l'éxécution des Traités de la part du Roi de Prusse, elle retira toutes ses troupes de ses Etats, voisins de ceux de la Cour de Berlin, pour les employer où elle les croyoit nécessaires. Mais quelle fut la surprise de cette Auguste Princesse, lorsqu'elle apprit, que, la paix à peine rétablie, le Roi de Prusse étoit rentré en Bohême avec des forces supérieures à celles qu'il avoit eues jusqu'alors, afin de l'obliger de rappeller son Armée qui étoit au de-là du Rhin ?

XVI. L'Auteur Anonyme dont j'ai parlé, veut nous persuader que cette démarche du Roi de Prusse n'étoit point contraire aux Traités de paix, parceque ce Prince n'avoit pas dessein de faire de nouveau la Guerre à la Reine, mais

mais que cette invasion en Bohême s'étoit faite dans la vue de soutenir l'Empereur Charles VII. dans ses Droits & ses Privileges. Mais, comme dit Puffendorf, *les coups qu'on nous donne ne font pas moins de mal, si quelqu'un nous les donne au nom d'autrui, que s'il nous les donne en son nom propre.*

XVII. Ce subterfuge est contraire aux faits & à la raison. L'Electeur de Baviere avoit pris les armes en 1740, afin de faire valoir ses prétensions sur la succession des Charles VI. Ce Prince fut elu Empereur le 24. Janvier 1742, & mourut le 20. Janvier 1745. Son fils continua la guerre jusqu'à la Paix de Fuessen, faite en 1745, par la quelle la bonne intelligence fut rétablie entre la Cour de Vienne & celle de Munich. Les troubles qui ravageoient alors l'Allemagne, ne regardoient donc point la cause commune de la Patrie. C'est pourquoi l'Empire embrassa la Neutralité : Je dis plus : Charles VII. étoit déjà élevé à la dignité Impériale, lorsque la Paix fut rétablie entre les Cours de Vienne & de Berlin, par les Traités de Breslau & de Berlin, faits dans les mois de Juin & de Juillet 1742. Les choses étoient donc dans le même état par rapport à l'Empereur elu, qu'elles étoient lors que le Roi de Prusse mit les armes bas & fit sa Paix avec la Reine. Comme les liens qui obligeoient ce Prince à soutenir les droits de l'Empire, ne l'avoient point empêché de faire la Paix avec la Cour de Vienne, sans avoir obtenu auparavant

vant le confentement de l'Empereur, ces mêmes liens ne pouvoient le difpenfer de l'obligation qu'il avoit contractée par les Traités qu'il avoit faits avec la Reine. Autrement il auroit été injurieux à l'Empereur, lorfqu'il fit fa Paix avec la Reine de Hongrie à l'infçu de ce Monarque, ou à cette Princeffe, lorfqu'il fit une nouvelle invafion dans la Bohême & qu'il donna des fecours aux ennemis de Sa Majefté la Reine.

XVIII. Y eut-il un feul homme dans toute l'Europe qui crût que le Roi de Pruffe avoit uniquement en vue les intérêts de Charles VII. dans l'invafion qu'il fit pour la troifieme fois dans la Bohême, en 1744? Cette nouvelle invafion avoit été decidée dans l'union de Francfort, où le Roi de Pruffe s'étoit refervé quelques cercles de la Bohême, d'où il avoit rappellé fes Troupes après le fecond Traité, & obligé le Roi de Pologne de rappeller les fiennes, content pour lors des Etats que la Reine lui cedoit. L'obfervation du droit des Gens ne confifte pas dans les paroles, mais dans les faits. C'eft pourquoi nous apprennons de Juftin * que la Grèce & l'Afie reprochoient autrefois aux Lacedemoniens, *qu'ils rompoient dans la perfonne de leurs Alliés, les trêves qu'ils faifoient en leur propre nom, comme fi l'on étoit moins parjure, en donnant des fecours à fes Alliés, qu'en faifant la guerre en fon propre nom.*

* Juftin. hiftor. lib. 3. chap. 7.

Numero Second.

MEMOIRES
POUR SERVIR 'A
L'HISTOIRE
DE NOTRE TEMS,
OÙ L'ON DEDUIT HISTORIQUEMENT
LE DROIT ET LE FAIT
DE LA
GUERRE SANGLANTE.
QUI TROUBLE TOUTE L'EUROPE.

Numero Second.
DEDUCTION HISTORIQUE DU DROIT ET DU FAIT DE LA GUER-RE PRESENTE.

XIX.

IL n'y eut personne à qui cette entre-prise du Roi de Prusse, ne parût une déclaration manifeste de guerre & une nouvelle violation des Traités. L'Electeur de Saxe ne pouvoit regarder cette invasion d'un œil indifférent, sans manquer à ce qu'il se de-voit à lui même, & sans enfreindre les conditions du Traité qu'il avoit fait avec la Reine, qui au-roit été en droit de se venger, s'il lui avoit re-fusé les secours stipulés par les Traités, parce

B   qu'une

qu'une Puiſſance eſt auſſi autoriſée, ſelon le droit des Gens, à faire la Guerre à un Allié, qui refuſe de donner les ſecours ſtipulés par les Traités, que ſi cet Allié avoit déclaré lui même la Guerre.

XX. Le Roi de Pruſſe n'ignoroit pas les engagemens que l'Electeur de Saxe avoit contractés avec la Cour de Vienne, puiſqu'il les avoit approuvés. C'eſt pourquoi ce Prince crut qu'on ne lui feroit point un crime de donner à la Reine les ſecours qu'il étoit obligé de lui fournir ſelon la teneur du Traité en cas qu'elle fut attaquée par quelque ennemi. Ce Traité ne pouvoit pas être préjudiciable au Roi de Pruſſe, puiſqu'il fut fait dans le tems que la Cour de Berlin jura une amitié éternelle à celle de Vienne, & qu'on convint que la Cour de Dreſde y feroit compriſe.

XXI. On doit, ſelon le droit public, juger d'une maniere bien différente, de celui qui donne des ſecours à une des Puiſſances Belligerantes, ſans y être obligé par aucun Traité antérieur à la Guerre, & de celui qui en donne en conſequence des engagemens contractés avant les troubles. L'un eſt innocent des malheurs de la Guerre, & l'autre eſt auſſi coupable que s'il avoit commencé les hoſtilités.

Voici donc la différence qui ſe trouvoit entre le Roi de Pruſſe & l'Electeur de Saxe. Le premier avoit promis à la Paix de Breslau, de renoncer à toutes ſes Alliances avec les ennemis

de

de la Maison d'Autriche & de n'en contracter aucune par la suite. C'est pourquoi, lorsque ce Prince prit les armes en faveur des ennemis de la Reine, il ne pouvoit se justifier, ni en alleguant d'anciens Traités, puisqu'ils ne subsistoient plus, ni en ensupposant de nouveaux, puisqu'il ne pouvoit en contracter, ni par conséquent, les observer sans violer les conditions de la Paix de Breslau, L'Electeur de Saxe, au contraire, ne faisoit aucun tort au Roi de Prusse, en envoyant des secours à la Reine, parcequ'il n'avoit contracté aucun engagement avec ce Prince; D'ailleurs il ne prennoit aucune part à la Guerre, puisqu'il donnoit simplement à la Reine les secours qu'il étoit obligé de lui fournir en vertu du Traité qu'il avoit fait avec cette Princesse; lequel ne pouvoit être préjudiciable au Roi de Prusse, parcequ'il avoit été fait avant les nouveaux troubles.

XXII. Si par les vicissitudes des choses humaines, il est arrivé que les secours que l'Electeur de Saxe devoit fournir, aient été emploiés à des usages différens de ceux qu'on prévoyoit dans le tems que l'alliance fut faite, ça été par la faute du Roi de Prusse, qui rompant la Paix avec un des Alliés de l'Electeur de Saxe, mit la Reine dans la nécessité d'en disposer autrement. S'il n'attribue pas ce changement de destination à cette cause, qu'il l'attribue, s'il veut, avec les Juris-Consultes, au hazard, ou au malheur comme disent les Philosophes. Quant à l'Electeur

B 2   de

de Saxe, on ne peut lui faire aucun reproche au sujet de ce changement. Voici le precepte que le Philosophe de la Gréce enseigne aux Professeurs du Droit public. *On doit regarder*, dit-il, *comme un malheur, si quelqu'un a agi contre une personne à laquelle il ne pensoit pas, ou qu'il l'ait fait d'une autre manière qu'il ne comptoit, ou à une fin qu'il ne prévoyoit pas.* * Les Historiens nous fourniffent plusieurs exemples frappans de ce précepte. Les Spartes alleguerent ces raisons pour se justifier auprès d'Artaxerxes, qui leur reprochoit d'avoir fourni des secours au jeune Cyrus dans le tems qu'il se préparoit à faire la Guerre à ce Monarque. *Lorsque nous nous engageames*, dirent-ils, *à fournir des secours à Cyrus, toutes les fois qu'il en auroit besoin, nous ignorions à qui, il vouloit faire la Guerre.* ** Les habitans de l'Isle de Corfou repondirent aux Spartes, *qu'ils vouloient remplir les engageames contractés avec les Athéniens & leur donner les secours stipulés, & vivre cependant dans une bonne union avec les Lacedemoniens.* Les florentins se

---

* *Ariftot. moral. liv.* 5. *chap.* 10. *l.* 2. §. 8. *ff. fi quis caution. Triphoninus in l.* 1?. *ff. de Captiv.* Ceux de l'un des partis, qui pendant la Paix etoient allés dans le Païs de l'autre, & qui s'y trouvent au moment que la guerre vient tout à coup à s'allumer, font faits esclaves avec ceux parmi lesquels ils se trouvent, comme parmi gens devenus ennemis, leur mauvaise deftinée veut qu'ils soient surpris, *Grot. du droit de la Guerre & de la Paix, liv.* 3. *chap.* 5. §. 12.

** *Juftin.* dans son Hift, l. 5.

se justifierent de la même façon des reproches qui leur furent faits dans le dernier siécle, dans une conférence tenue à Mantoue, parcequ'ils avoient donné des secours au Duc de Milan, au préjudice des anciennes Alliances. * Le Duc de Milan allegua aussi ces raisons pour prévenir les reproches qu'un Prince, avec qui il avoit fait la Paix, auroit pu lui faire, d'avoir donné des secours à son ennemi. ** C'est avec raison que les Juris-Consultes approuvent ces motifs de défense, pourvu que les nouveaux Alliés aient connoissances des anciennes alliances contractées avec d'autres. ***

XXIII. La coutume qui étoit autrefois en usage chez les Ætoliens, est établie aujourd'hui chez les Suisses. Cette nation fournit des trou-pes à toutes les puissances qui en veulent prendre à leur service: ces troupes combattent sous leurs propres Drapeaux. Or s'est-il jamais trouvé quelqu'un, qui ait fait le moindre reproche à ce sujet aux Ætoliens & aux Suisses, ou qui les ait traités indignement, lorsqu'ils ont été faits prisonniers de guerre? *un grand Général*, dit Seneque, *renvoie non seulement sains & saufs les prisonniers qu'il fait parmi ceux qui ont pris les armes contre lui en vertu des alliances contractées,*

B 3 *mais*

* *Voiez* l'Histoire Secrette de la Maison de Medi-cis l. 5.

** *Guicciardini*, dans son Hist. d'Ital. liv. 3.

*** *Alciat.* in l. 12. C. de pact. *Alberic. Gentil.* du droit de la Guerre, liv. 3. vers la fin. du 12me chap.

mais il les comble de louanges lorsqu'ils ont fait leur devoir en braves gens. L'Histoire Romaine nous fournit quantité de faits semblables.

XXIV. Les Romains faisoient la guerre à Antiochus, les Galates & les Phociens lui envoierent des secours ; les uns parcequ'ils s'y croióient obligés par l'amour naturel de la nation, & les autres en vertu d'un Traité qu'ils avoient fait avec les Rois de Syrie. Les Romains, après avoir vaincu Antiochus & l'avoir chassé de la Gréce, marcherent contre les Galates & contre les Phociens qu'ils soumirent & qu'ils firent esclaves. Le Sénat de Rome rendit un Arrét, qui déclaroit les Galates dechus de tous leurs droits, & les reduisoit à l'esclavage. Quant aux Phociens, ce même Sénat leur rendit la liberté, leur restitua tout ce qui leur avoit été enlevé, & leur conserva tous leurs droits & leurs priviléges.

XXV. L'Electeur de Saxe étoit précisement dans le même cas que les Phociens. Cependaut le Roi de Prusse ne voulut jamais lui permettre de rester neutre, lui qui pouvoit étre comparé, pour le moins, aux Galates dans cette guerre, pour ne point parler de l'infraction qu'il avoit faite au Traité conclu. L'Electeur de Saxe, forcé de se décider pour l'une ou l'autre partie, se determina à reunir ses forces avec celles de la Reine. Et comme l'on prévoyoit, que les anciennes Alliances ne pouvoient suffire dans le besoin pressant où l'on se trouvoit, on fit de nouveaux Traités, par lesquels on s'engagea de

part

part & d'autre, à fournir de plus puiſſans ſecours, pour s'oppoſer aux entrepriſes de l'ennemi commun. Ces engagemens furent pris en premier lieu à Varſovie le 6 Mai 1744. & enſuite dans le Traité du 8 de Janvier 1745, auquel l'Angleterre & la Hollande accederent par un Article ſeparé, le 18 de Mai de la même année. L'Auteur du *Libelle*, qui forme des mots comme il veut, appelle cette Alliance, *l'Alliance* du *partage éventuel*, terme qui convient beaucoup mieux à *l'Union de Francfort*. Quoiqu'il en ſoit, le Roi de Pologne, qui ne penſoit qu'à pourvoir à ſa propre ſureté par ces Traités, prit toutes les précautions néceſſaires, pour ne donner aucun lieu à ſon ennemi de le regarder comme partie intereſſée dans la guerre, à laquelle il n'intervenoit, qu'en conſequence des engagemens contractés avec la Maiſon d'Autriche.

XXVI. Or comme l'Electeur de Saxe n'avoit aucun droit aux fruits de la guerre, excepté celui que les troupes auxiliaires ont aux dépouilles de l'ennemi, la Sileſie & le Comté de Glatz devoient retourner, ſelon le conſentement de tous les Peuples, à leur ancien Maitre, puiſque le Roi de Pruſſe avoit violé le Traité de Breslau, par lequel ces Provinces lui avoient été cedées, &, pour nous ſervir des termes du Barreau, *le titre étant réduit au non titre*, la Reine étoit autoriſée par le droit de retour, que les Juris-Conſultes appellent *jus poſtliminii*, à s'emparer de ces

B 4   Pro-

Provinces, soit que les troupes de ses Alliés ou les siennes en fissent la conquête. *

XXVII. Selon les mêmes maximes du droit des gens, si la guerre s'étoit faite au nom & aux depens de la Reine, S. M. I. auroit pu garder tous les autres Païs qui étoient sous la domination du Roi de Prusse, supposé qu'elle en eut fait la conquête par ses propres troupes, ou par celle de ses Alliés. Mais cette guerre n'auroit pu qu'être onereuse au Roi de Pologne, s'il y étoit intervenu sans avoir pris quelque autre arrangement auparavant, parcequ'il n'auroit eu aucune esperance de se dedommager des frais de cette guerre, & des pertes auxquelles le sort incertain des armes l'exposoit. C'est pourquoi les Puissances Alliées firent un nouveau Traité avant de commencer la guerre, lequel s'étendoit audélà de la sureté du droit des Gens : Les deux Puissances contractantes convinrent le 18 Mai 1745, dans un Article separé, de se dedommager mutuellement des frais & des pertes qu'elles pourroient faire pendant la guerre, & en reparation de l'injure faite, & non pas pour faire un *partage arbitraire & eventuel des biens d'un troisième, qu'on vouloit depouiller de ses Etats*, comme l'Auteur du Libelle a eu l'effronterie de l'avancer; elles convinrent, disje, de partager entre elles, la Silesie,

* *Grot.* du Droit de la Guerre & de la Paix, l. 3. chap. 16. §. dernier & chap. 9. §. 9. & §. 12. où il rapporte plusieurs exemples des anciens Grecs & des Medes, *Ziegler*, &c.

Silefie, & les autres depouilles du Roi de Pruffe, fi la victoire fe décidoit en leur faveur; fe refervant toutes fois la liberté de faire ce partage comme elles le jugeroient à propos, d'une maniere cependant différente de celle que des Alliés doivent fuivre, felon le droit de la guerre. *

XXVIII. La Cour de Berlin fit voir qu'elle admettoit ces principes, puifque, ne fe fiant point affez fur l'ancien Traité qu'elle avoit déjà violé, elle crut qu'il étoit néceffaire de fe faire confirmer de nouveau par la Paix de Dresde, le Duché de Silefie, & le Comté de Glatz. Une nouvelle ceffion vague ne lui parut point fuffifante; elle voulut que cette nouvelle ceffion fut faite & confirmée en termes exprès, & que les Etats de Bohême & tous ceux qui pouvoient y être intereffés, fignaffent ce nouveau Traité.

XXIX. La Paix fuivit de près cette nouvelle Alliance: Les fraix de la guerre ayant été compenfés, le Miniftre d'Angleterre dreffa des articles préliminaires, qu'il préfenta à Hanovre, aux principales Puiffances belligerantes, lefquels furent acceptés & fignés le 26 Août 1745. & ratifiés dans un nouveau Traité, qui fut fait à Dresde, le 25 de Décembre de la même année. Le Roi de Pologne y accéda en qualité d'Electeur de Saxe, mais à condition, que, conformement au IVme Article de ceux qui avoient été dreffés

B 5   à Ha-

---

* *Grot.* du Droit de la Guerre & de la Paix, l. 3. c. 6. §. 23. *Van der Meulen*, fur cet endroit: les deux *Coccejus* & d'autres Interprétes.

à Hanovre & communiqués aux Parties contractantes, il renonceroit à toutes ses prétensions
sur la Silesie, & donneroit au Roi de Prusse un
Acte authentique de renonciation. On renouvella aussi la Paix de Breslau, que les Parties
contractantes regarderent comme la base & le
fondement de celle de Dresde.

XXX. Il s'étoit tenu, avant cette Paix, une
assemblée générale du Corps Germanique, dans
laquelle François I., Epoux de la Reine, Prince
aussi distingué par ses qualités personnelles que
par sa Haute Naissance, fut élu Empereur le 13
Septembre 1745. par les Princes Electeurs de
l'Empire. Le Roi de Prusse en qualité d'Electeur
de Brandebourg, donna aussi son suffrage à cette
Election à la Paix de Dresde, & y reconnut
François I. pour Empereur. Cette Election ne
pouvoit se faire sous de plus heureux auspices:
La Paix de Fuessen l'avoit précédée de quelques
jours, & celle de Dresde s'étoit faite presqu'aussitôt, que les suffrages se furent réunis en faveur
de l'Auguste Epoux de la Reine. Ces heureuses
circonstances annonçoient une Paix éternelle à
l'Empire; ce qui étoit l'objet des vœux de tout
le Corps Germanique.

XXXI. La Paix fut effectivement rendue à
toute l'Allemagne ; il seroit inutile de dire que
cet heureux évenement causa d'abord à tout
l'Empire une joie inexprimable. Mais les
meilleurs Politiques prévirent que cette Paix
ne seroit pas de longue durée, & ne la regarderent

rent que comme une trève & une suspension
d'armes.

XXXII. Les contributions que le Roi de
Prusse avoit exigées des Saxons pendant la guerre, furent retenues à la paix, & il en demandoit
continuellement le payement, après que les troubles furent cessés. Le Roi prétendoit que *la Saxe*
lui devoit, *outre les contributions*, dès sommes
considerables sur les obligations de *la Steur*, que
les Marchands Prussiens avoient achetés à bon
marché, pendant la triste situation où se trouvoit la Saxe ; cependant, protegés par le Roi,
ils vouloient être remboursés du total. On fit
payer de nouveaux droits d'entrée & de sortie,
& aux Douanes qu'on établit & aux passages sur
les rivieres, ce qui fit tomber le Commerce.

Ce ne sont pas les seuls griefs qu'on ait eu
contre le Roi de Prusse depuis la Paix. Ce Prince
s'étoit chargé de payer l'hypotheque, que les
Anglois & les Hollandois avoient sur la Silesie :
mais quelle reponse leur fit-il, lorsqu'ils solli-
citerent le payement de cette hypotheque ? Il
demanda un dedommagement aux Anglois, du
tort que les Armateurs de cette nation lui avoient fait sur mer pendant la guerre, & reprocha
aux Hollandois de s'être emparé, à son préjudice,
de la Principauté d'Orange. D'ailleurs on n'a-
voit point encore reglé les dettes contractées
entre les sujets des Provinces cedées au Roi de
Prusse & ceux des Etats qui étoient restés sous la
domination de l'Impératrice Reine. On n'avoit
point

point encore fixé les limites des Païs qui étoient
paffés fous la puiffance du Roi de Pruffe. Il n'y
avoit rien de décidé touchant le Commerce reciproque des chofes néceffaires à la vie, & des
autres chofes qui peuvent entrétenir la focieté,
entre les fujets les plus voifins des deux Puiffances, deforte qu'on ne pouvoit regarder la Paix,
que comme une fufpenfion d'armes, comme je
l'ai déjà dit. On voyoit s'élever tous les jours
de nouvelles difputes, touchant les cours & la
valeur des monnoyes. Il y avoit des demelés
tantôt avec plufieurs Etats de l'Empire, au fujet
de la fucceffion de l'Oftfrife, tantôt avec les
Hollandois au fujet du Commerce, tantôt avec
la Republique de Pologne touchant deux Palati-
nats, tantôt avec les Suedois, à caufe de quelques griefs contre les Traités, tantôt touchant
la liberté des Religions. On pourroit encore
citer plufieurs objets de difpute, lefquels faifoient
craindre qu'on ne fut tous les jours à la veille de
voir recommencer les troubles; car certainement, *tous ces objets de difpute fourniffoient une
grande matiere à une nouvelle guerre.*

Le Roi de Pruffe s'étoit extrêmement aggran-
di, pendant les troubles qui avoient ravagé l'Allemagne, & comme il n'y avoit plus cette ancienne égalité de forces entre les principaux
Membres du Corps Germanique, on craignoit
de voir renverfer les Conftitutions & les Loix
fondamentales de l'Empire. Ce Prince, continuellement occupé à exercer fes troupes qui
étoient

étoient aussi nombreuses pendant la Paix, que s'il avoit eu une guerre sanglante à soutenir, donnoit tout lieu de craindre, qu'il ne fit au premier moment une invasion dans la Bohéme, dans la Moravie, & dans la Saxe depourvues de tout secours. *La conscience de la guerre* faisoit toutes les suretés des Cours de Vienne & de Dresde. L'Imperatrice Reine, occupée à faire là guerre au délà des confins de l'Empire, avoit envoyé ses troupes dans des Païs assez éloignés, & le Roi de Pologne, épuisé par la guerre cruelle que le Roi de Prusse lui avoit faite, s'étoit trouvé dans la necessité de licentier la plus grande partie de ses troupes.

XXXIII. Tout ce qui s'étoit passé depuis la paix de Schnellendorff & celle de Breslau; tenoit l'Imperatrice Reine dans des allarmes continuelles. Persuadée du peu de fond qu'elle devoit faire sur les promesses du Roi de Prusse, la prudence lui dictoit de prendre des mesures propres à assurer ses possessions, sans cependant avoir dessein de nuire à personne, à l'exemple de de ses illustres Ancêtres & conformement au droit de Nature & des Gens.

XXXIV. Charles VI, Pere de l'Imperatrice Reine, avoit fait dès l'an 1726. un Traité de défense avec la Cour de Petersbourg, par lequel les deux Puissances contractantes s'engageoient à envoyer un Corps de trente milles hommes au secours de celle qui seroit attaquée par quelque ennemi. Ce Traité conclu, les Puissances

con-

contractantes jugerent qu'il étoit à propos d'inviter la Pologne, située entre leurs Etats respectifs, à acceder à cette Alliance: on se persuadoit qu'elle y accederoit d'autant plus volontiers, qu'elle assuroit par là une Paix durable ; Bien qu'elle ne pouvoit se procurer autrement à cause de sa situation.   C'est pourquoi la Cour de Varsovie nomma un Ministre pour conferer sur cette affaire avec celui de l'Empereur qui étoit à Varsovie. La Maison de Brandebourg étoit si étroitement liée, dans ce tems là, avec celle d'Autriche, que les intérêts de ces deux Illustres Maisons paroissoient les mêmes.   Qui auroit donc pu se persuader, que cette Alliance se faisoit au préjudice de la Maison de Brandebourg ?

XXXV. Le changement qui se fit en Allemagne après la Paix de Dresde, engagea l'Impératrice Reine à prendre les moyens de s'assurer ces secours héréditaires, afin de défendre ses propres Etats contre les entreprises que l'ennemi, qu'elle redoutoit, pourroit faire. L'Impératrice de toutes les Russies qui a toujours pris la justice & l'équité pour regle de sa conduite, repondit parfaitement à la confiance que l'Impératrice Reine avoit en Elle.   C'est pourquoi ces deux grandes Princesses firent un Traité le 22. Mai 1746. ou plutôt renouvellerent celui de 1726, qui fut la base & le fondement de celui de 1746. On convint cependant dans ce dernier, d'augmenter les secours stipulés: cette augmentation paroissoit nécessaire à cause des derniers troubles

qui

qui s'étoient élévés en Allemagne. Peut-on supposer d'autres motifs dans les Parties contractantes ? Peut-on blâmer cette sage précaution ? *Les grands Princes*, dit un des plus habiles Politiques de nôtre siècle, *doivent prévenir l'avenir, se précautionner contre ce qui pourroit arriver, & décider de quelle manière on devra se comporter dans toutes les circonstances fâcheuses ou l'on pourroit se trouver, & ne pas se mettre dans le cas de dire, je n'y pensois pas.* Y a-t-il rien de plus naturel, que d'avoir recours à ses amis dans le besoin, & de les appeller à son secours, lorsqu'on ne se croit point en état de se defendre ? Les Grecs distinguoient deux sortes d'Alliances, on stipuloit dans l'une, les secours que chacune des Parties contractantes devoit fournir à celle qui étoit injustement attaquée : ils appelloient ces Alliances επιμαχιαν. On convenoit dans l'autre, qu'ils appelloient σιμμαχιαν, de reunir ses forces pour commencer les hostilités.

XXXVI. La Cour de Berlin n'eut donc aucun sujet de se plaindre de ce Traité, quoiqu'elle en ait eu connoissance presque aussitôt qu'il fut fait. Il ne lui devint suspect qu'après qu'elle eut appris le contenu du IVme Article, fait la même Année 1746. à Pétersbourg, lequel fut tenu sécret pendant quelque tems.

XXXVII. Cet Article fit une si grande impression à la Cour de Berlin, qu'elle porta des plaintes d'une manière aussi amère & aussi vive, que si on avoit voulu la dépouiller, par cet

Article

Article, de toutes ſes poſſeſſions.   L'Auteur
Anonyme du *Mémoire* dont j'ai déja parlé, a fait
aſſez voir ſon impuiſſance à juſtifier les plaintes
de la Cour de Berlin, puiſque, manquant de
bonnes raiſons, il n'a point rougi de recourir a
des invectives groſſieres, inconnues juſqu'à pre-
ſent aux Princes & aux Souverains, afin de ſe-
duire & d'en impoſer au peuple ignorant.   *On*
conçoit aiſément du mépris pour l'ambition de l'E-
crivain : on prête une oreille favorable à l'envie,
à la jalouſie & à la malice, parce que la flatterie
& la baſſe complaiſance ſont des marquesd'une
honteuſe ſervitude, & que la malice eſt une fauſſe
eſpéce de liberté.

Qu'on ne trouve donc pas mauvais, ſi je dé-
compoſe cet Article pour l'examiner par parties,
afin qu'un chacun ſoit en état de juger s'il a
merité les caracteres que cet impudent Ecrivain
lui donne, & ſi cet Auteur a fait ſa cour au
Miniſtère Britannique, lorſque, pour lui com-
plaire, il a avancé effrontement, qu'il n'avoit
aucune part au IVme Article, ſi contraire, ſelon
lui, à la Cour de Berlin.   J'oſe aſſurer que le
Roi de la Grande Bretagne eſt aſſez juſte & aſſez
équitable, pour avouer de bonne foi, qu'il eſt
le principal Auteur de cet Article contre lequel
la Cour de Berlin ſe recrie tant.

MEMOIRES

POUR SERVIR 'A

L'HISTOIRE

DE NOTRE TEMS,

OU

L'ON DEDUIT HISTORIQUEMENT

LE DROIT & LE FAIT

DE LA

GUERRE SANGLANTE.

QUI TROUBLE TOUTE L'EUROPE.

Numero Troifieme.

DEDUCTION HISTORIQUE DU DROIT ET DU FAIT DE LA GUER-RE PRESENTE.

XXXVIII.

L'Imperatrice Reine declare au com-mencement de cet Article, qu'elle veut obferver fidelement tout ce qui a été arreté & ftipulé dans le Traité de Dresde. Tous les autres Articles annoncent la même chofe : nul terme équivoque qui puiffe faire naitre le moindre foupçon fur la bonne foi de l'Impé-ratrice Reine, qui fe fait un devoir effentiel d'ob-ferver religieufement, à l'exemple de fes illuftres Ancêtres, fes Alliances & fes Traités.

C

XXXIX.

XXXIX. Comme tous les préparatifs de guerre, que la Cour de Berlin faisoit, confirmoient les soupçons, que le Roi de Prusse avoit fait naître sur son compte, les Parties contractantes pourvoient ensuite dans cet article à la sûreté de leurs Etats respectifs, & conviennent de quelle maniere elles partageroient les fruits de la guerre, si le Roi les attaquoit, & si la victoire se décidoit en leur faveur. Voici les termes dans lesquels cet Article est conçu. *Mais si contre toute attente & les vœux communs* (faites attention à cette phrase energique & en même tems remplie de moderation) *le Roi de Prusse fut le premier à s'écarter de cette Paix en attaquant hostilement,* (les possessions de l'Impératrice de toutes les Russies, celles de la Maison d'Autriche, & celles de la Pologne) *dans ce cas in speré, & non plutôt, les droits de Sa Majesté l'Impératrice Reine auroient de nouveau lieu & reprendoient leur premier effet.* L'Impératrice de toutes les Russies, aiant déclaré qu'elle renonçoit à toutes les conquêtes qu'on pourroit faire sur le Roi de Prusse, l'Impératrice Reine s'engagea à lui donner vingt mille florins pour la dedommager des nouveaux frais, qu'occasionneroient les secours plus considerables qu'elle devoit lui fournir selon le nouveau Traité.

XL. On ne fit aucune mention dans cet Article, du Roi ni de la République de Pologne au sujet du partage du butin & des frais de la guerre. Ces deux articles durent être reglés,

lors-

lorſqu'ils accederent à ce Traité, s'ils y ont réellement adheré, ce que je ne peux décider. Le
Roi de Pologne fut auſſi invité d'y acceder en
qualité d'Electeur de Saxe: ce Prince étoit porté
à le faire en cette qualité, pourvu que cette
Alliance pût ſe faire ſans qu'il s'expoſât à aucun
danger, ou qu'il ne s'engageât pas dans de nouveaux frais. He! L'Electeur de Saxe pouvoit-
il ſe propoſer un autre objet après tout ce qui
s'étoit paſſé en 1744? Mais ce Prince ne donna
jamais les mains, comme Electeur de Saxe, au
IVme Article, quoique les partiſans de la Cour
de Berlin le lui aient reproché: au contraire, ſi
l'on doit ajouter foi aux piéces juſtificatives que
cette Cour même a produites, lesquelles comprennent l'eſpace de dix années, à commencer
depuis le jour que les deux Impératrices firent le
IVme Article pour prévenir la nouvelle invaſion
que le Roi de Pruſſe vient de faire en Saxe & en
Bohéme, les Cours de Vienne, de Petersbourg
& de Dresde formerent un nouveau ſiſtéme tout
différent de celui du IVme Article qui a fait tant
de bruit. Tout ces beaux projets s'evanouirent,
puiſque ſelon la lettre du Comte de Fleming,
daté du 26 Juillet 1756. c'eſt-à-dire, environ
deux mois avant l'invaſion des Pruſſiens, laquelle
eſt rapportée dans le *Memoire Raiſonné*, les Mi-
niſtres de l'Electeur de Saxe déliberoient encore,
s'il étoit plus avantageux pour ce Prince, que la
Sileſie reſtât ſous la domination du Roi de Pruſſe,
ou qu'elle rentrât ſous la Puiſſance de la Maiſon
d'Autriche. C 2 XLI.

XLI. Pour repandre tout le jour poffible fur cette matiere, je reprendrai la chofe en peu de mots. Les deux Impératrices s'engagerent dans cet Article, à fe donner des fecours pour leur défenfe mutuelle. On voulut fonder les difpofitions du Roi de Pologne ; on invita ce Prince à y acceder en qualité d'Electeur de Saxe. Que peut on trouver de reprehenfible dans une telle conduite? Le Roi de Pruffe eut connoiffance du contenu de cet Article, peu de tems après qu'il fut fait, comme le prouvent invinciblement fes lettres qu'il a rendues publiques. Cependant il n'a jamais allegué cet Article comme un des motifs qui l'ont engagé à declarer la guerre à l'Impératrice Reine : une nouvelle Alliance qu'il fuppofe avoir été faite à fon préjudice entre les deux Impératrices au commencement de l'année 1756. eft le feul objet de fes plaintes contre la Cour de Vienne, laquelle nie hardiment l'exiftence de ce nouveau Traité, que les ennemis du repos public ont fuppofé, afin de rendre la conduite de l'Impératrice Reine fufpecte aux Puiffances de l'Europe. Le titre de la déclaration de guerre s'étant trouvé aneanti , S. M. P. a recherché dans le IVme Article des ra fons pour continuer la guerre. Mais fi le contenu de cet Article paroit être un motif fuffifant de faire la guerre, pourquoi le Roi n'en a-t-il fait aucune mention lorfqu'il a détaillé les raifons qui l'ont porté à agir hoftilement contre l'Impératrice Reine? S'il ne fournit aucune caufe pour

decla-

declarer la guerre, pourquoi le cite-t-on aujourd'hui comme un motif suffisant pour la continuer, quoi qu'on n'en ait point parlé dans la
declaration de guerre ? pourquoi prend-t-on
ombrage d'un Traité dans lequel les Puiſſances
contractantes ſont convenües, que l'Impératrice
Reine étoit en droit de rentrer en poſſeſſion des
Païs qu'elle avoit cedés, ſi le ſort d'une guerre
purement défenſive ſe decidoit pour S. M. I ?

XLII. La juſtice de ce Traité a frappé l'Ecrivain de la Cour de Berlin : il convient, que toute
invaſion de la part du Roi de Pruſſe dans les
Etats de la Maiſon d'Autriche, feroit revivre
les droits de l'Impératrice Reine ſur les Païs qu'elle à cedés à ce Prince. Mais il prétend qu'elle
ne recouvreroit point ces droits, ſi S. M. P.
déclaroit la guerre à la Ruſſie où à la Pologne,
parceque ces deux Puiſſances ne ſont point com-
priſes dans la Paix de Dresde, & que la ſeule
violation de ce Traité feroit ſeule uné juſte cauſe
qui feroit revivre les droits de la Reine ſur les
Provinces cedées. Pour rendre ſon ſiſtéme plus
plauſible, il nous fait reſſouvenir que l'Impératrice Reine s'étoit formellement engagée a ne
donner aucun ſecours aux ennemis du Roi de
Pruſſe ; ce qui lui fait conclure que, ſi S. M. I.
envoyoit des ſecours à la Ruſſie, ou à la Pologne, bien loin de recouvrer ſes droits ſur les
Provinces cedées, elle paſſeroit, au contraire,
pour avoir violé la Paix. Il eſt vrai que le Traité
pris à la lettre, ne parle que de repouſſer la for-

C 3   ce ;

ce; mais fi l'on fait attention, dit-il, au but qu'on s'y eft propofé, il eft evident, qu'on a eu en vue non feulement de pourvoir à la furçté de la focieté, mais encore de faire la guerre a S.M.P. Voila le plus fort argument du Libelle intitulé *Memoire Raifonné*; auffi fait il le principal fujet des raifonnemens de l'Apologifte,

XLIII. Certain nombre de gens, qui, entrainés par l'efprit d'innovation, cenfurent les principes d'Ariftote, & fe mocquent de la bonne logique, ce qui fait que les préceptes de la Dialectique ne font plus d'ufage, & qu'on a perdu peu à peu, la maniere de raifonner jufte. C'eft pourquoi l'on peut facilement appercevoir, par tout ce qui a précédé le IVme Article, les défauts du raifonnement de l'Apologifte de la Cour de Berlin, lequel porte à faux, & eft fans fuite & fans liaifon. 1°. Il porte à faux, puisqu'il eft certain que la Ruffie & la Saxe ont été comprifes dans le Traité de Breslau, & dans celui de Dresde. On eut deffein d'inviter la Pologne à y acceder, mais dix ans fe pafferent fans qu'on le fit. Le raifonnement de cet Ecrivain eft donc faux, & inventé à deffein d'en impofer dans une affaire d'une fi grande confequence. 2°. Il eft fans fuite & fans liaifon, comme on en conviendra, fi on prenn Ariftote pour guide. En effet, pour peu que l'on faffe attention aux parties qui le compofent, l'on verra, que la confequence n'a aucune connection avec

les

les prémiffes. Pour moi je reviens au droit
des Gens , & je me flatte de réfuter par
des faits & des raifons , les argumens des Ecrivains de la Cour de Berlin; & je ferai voir,
(quoique je regarde cela comme inutile, que
cet Article ne différe en aucune maniere des
Alliances précédentes.

XLIV. Il eft à propos de rapporter ici la
fameufe queftion qui s'eft elevée , il y a longtems, à l'occafion de la guerre du Peloponnefe,
qui s'alluma entre les Grecs au fujet de leur liberté, & de la feconde guerre Punique, dans laquelle les Romains & les Carthaginois fe difpu-
terent l'Empire de l'Univers , lesquelles furent
funeftes aux Athéniens & aux Carthaginois,
puisque la puiffance des uns & des autres y fut
détruite entiérement. Ce qui s'eft paffé dans fes
deux guerres, & les Ecrits, qui on paru à ce
fujet, ont été regardés par tous les Ecrivains Politiques, comme une regle qu'on devoit fuivre,
pour juger des différends publics. L'évenement
de la guerre a paru à ces Politiques un jufte juge,
qui donne la victoire, & une décifion infallible,
de quel côté eft le bon droit.

XLV. Voici l'état de la queftion. Les habitans de l'Isle de Corfou étoient-ils Alliés des
Athéniens, & les Saguntins des Romains ? fi
ceux-ci avoient été attaqués par les Carthaginois,
& les autres par les Corinthiens, on demandoit,
comment on auroit pu juger laquelle de ces deux

C 4   Nati-

Nations auroit rompu les Traités & violé la Paix. C'étoit comme l'on voit, une difpute de fait, c'eft-à-dire, qu'il s'agiffoit de favoir fi les habitans de l'Isle de Corfou & les Saguntins avoient été compris nommèment dans l'Alliance, ou en termes généraux, ou felon l'efprit & le fens du Traité, afin qu'on pût décider s'il étoit permis, felon les Traités, de les attaquer hoftilement.

XLVI. Les Ecrivains Politiques ne s'accordent point fur les caufes de ces guerres, dont Thucydides, Tite Live & Polybe ont donné chacun une Hiftoire particuliere; mais ils conviennent tous avec les Grecs, les Carthaginois & les Romains, que les Alliés n'auroient pu attaquer, fans violer la Paix, le Peuple qui auroit été compris, nommèment ou en termes généraux, dans le Traité de Paix. *Car comment viole-t-on la Paix?* Titus Quintus Flaminius, Conful Romain, écrivit dans une certaine occafion a Nabide, qu'on la violoit principalement de ces deux manieres, 1°. en attaquant fes Alliés. 2°. en fe reuniffant avec fes ennemis. *

XLVII. Ces principes du Droit public, que les partifans de la Cour de Berlin font obligés d'admettre, doivent fervir de regles pour juger du IVme Article. Il faut rapporter ici de la même

* Grotius du Droit de la Guerre & de la Paix, l. 2. c. 16. §. 17. & l. 3. c. 20. §. 33. & avec Grot. tous les Interp. Voyez auffi les Remarq. de Puffendorf, du Droit Naturel & des Gens c. 9. §. 10,

même maniere les faits. Afin que les Ecrivains de la Cour de Berlin paroiſſent fondés à reprocher le IVme Article aux Parties contractantes, ils avancent effrontement, & ils l'aſſurent ſans héſiter, qu'il n'a été fait aucune mention ni de la Ruſſie, ni de la Pologne, dans la Paix de Dresde, que le Roi de Pruſſe a faite avec le Roi de Pologne. C'eſt pourquoi ils concluent, qu'il auroit pu attaquer hoſtillement la Ruſſie & la Pologne, ſans contrevenir aux Traités & ſans rompre la Paix qu'il avoit faite avec l'Impératrice Reine, & que, par conſéquent, cette demarche n'auroit pu faire revivre les Droits de S. M. I. ſur les Provinces qu'elle avoit cedées au Roi de Pruſſe. Il n'eſt queſtion ici que de la Ruſſie; je parlerai dans un autre endroit des Polonois.

Je prie Meſſieurs les Pruſſiens de jetter les yeux 1°. ſur le Traité de Schnellendorf, fait le 9. Octobre 1741. Le Vme Article de ce Traité comprend tous les Alliés de la Reine. Or la Cour de Petersbourg n'étoit-elle pas de ce nombre, puiſque l'Empereur Charles VI. de glorieuſe mémoire, avoit fait un Traité d'Alliance & d'amitié avec cette Cour, en 1726? 2°. Qu'ils ſe rappellent les Articles Préliminaires, arretés à Breslau, le 11. Juin de la même année: l'Imperatrice de toutes les Ruſſies & le Roi de Pologne, comme Electeur de Saxe, ne ſont-ils pas nommés expreſſement dans le XIme Article? 3o. Qu'ils liſent les Actes de la Paix de Berlin, conclue le 28. de Juillet 1742, laquelle fut con-

firmée

firmée à Dresde: ils verront qu'il est fait mention dans tous ces Traités de l'Impératrice de toutes les Russies, & de tous les Alliés de la Maison
d'Autriche, des Anglois, par exemple, & de
tous ceux qui se reunirent avec la Reine, pour
pousser avec vigueur la guerre qu'elle avoit à
soutenir dans ce tems là. L'on aura de la peine
à se persuader que les ennemis de l'Auguste
Maison d'Autriche se soient laissés emporter par
l'esprit de parti, jusqu'au point de ne faire aucune
mention de tous les Actes, que la Cour de Vienne
produit avec raison, pour retorquer contre celle
de Berlin, la force de l'argument qu'elle a em-
ployé contre l'Impératrice Reine, & qui forcent
le Roi de Prusse à avouer, qu'il violeroit également la Paix, en attaquant hostillement les Alliés
de la Reine, c'est-à-dire l'Impératrice de toutes
les Russies, & le Roi de Pologne comme Electeur
de Saxe, que s'il declaroit la guerre à cette Auguste Princesse; sistéme bien différent de celui
qu'il a soutenu jusqu'à présent; puisqu'il n'a point
fait difficulté d'avancer, qu'il pouvoit attaquer
impunement & sans violer les Loix de la Paix,
ces Puissances Alliées de la Cour de Vienne, qu'il
prétend n'être pas comprises dans le Traité de
Paix.

XLVIII. Ces principes posés, se trouvera-
t-il encore quelqu'un qui nie, que la Cour de
Vienne ait eu un droit legitime de supposer dans
l'Article IV. fait en 1746. que le Roi de Prusse
seroit, par hypothése, privé du benefice de la Paix
qu'il

qu'il avoit faite avec l'Impératrice Reine, dès qu'il attaqueroit la Ruſſie, compriſe dans la Paix, & que cette Auguſte Princeſſe étoit autoriſée par le droit des Gens, à faire revivre ſes anciennes prétenſions ſur ce qui avoit été cedé au Roi de Pruſſe? Quant à ce Prince, la choſe eſt claire, évidente & confirmée par le droit de la Nature & de Gens.

XLIX. Il n'en auroit pas été de même pour les Ruſſiens. J'ai dit, qu'une Puiſſance eſt auto-riſée au moins par le droit de *Rétour* à rentrer en poſſeſſion des Païs, qui lui ont été enlevée par droit de conquête, ſi elle peut les reconquérir ſur ſon ennemi ſoit par ſes propres troupes, ſoit par celles de ſes Alliées, pourvu que cette nou-velle conquête ſe faſſe pendant la même guerre & pendant que la même cauſe de la guerre ſub-ſiſte. Mais ſi cette guerre a été terminée d'une maniere conforme au Droit des Gens, & qu'on en ait commencé une nouvelle pour une autre cauſe, quand même elle ſeroit entrepriſe par les mêmes Alliées, les dépouilles de l'ennemi vain-cu dans cette guerre, n'appartiendroient point a l'ancien Maitre, mais elles devroient être par-tagées entre toutes les Puiſſances Alliées, parce-que le Droit de *Reverſion* ceſſeroit à leur égard & que l'ennemi auroit un motif tous différent. Dans ce cas, chacun des Alliées devroit avoir part au butin, à moins que les Parties contrac-

tantes

tantes n'euſſent fait d'autres Lōix, * comme
l'Impératrice de toutes les Ruſſies & l'Impératrice Reine en ont faite une, laquelle porte
expreſſement, que l'Impératrice Reine poſſederoit
ſeule toutes les Provinces dont elles feroient la
conquête, l'Impératrice de toutes les Ruſſies
aiant declaré qu'elle ſeroit contente, ſi, au lieu
de la Partie des conquêtes qui devoit lui revenir, la Cour de Vienne lui rembourſoit ſes
fraix. Cette loi n'eſt nullement contraire aux
intérêts du Roi de Pruſſe, parcequ'il eſt indifférent à l'ennemi vaincu, de quelle façon les vainqueurs ſont convenus de partager le butin entre
eux, l'Impératrice de toutes les Ruſſies a prouvé
par cet Acte de géneroſité que *les grands Princes
ne ſe diſputent pas toujours les biens, mais la Vertu & la Gloire.* Il a donc fallu déterminer &
ſpecifier, comme on a fait dans le IVme Article,
auquel des Alliés ces Païs devoient retourner,
ſuppoſé que le ſort des armes fut contraire au
Roi. Les Ecrivains de la Cour de Berlin com-
prendront facilement, parce que j'ai dit juſqu'ici,
que les Puiſſances contractantes n'ont rien fait
dans le IVme Article contre les regles du Droit;
qu'ils ont eu tort de ſe recrier tant contre cet
Article, qu'ils n'ont point rougi d'appeller *Myſtere
d'iniquité*, quoiqu'ils ne ſoient ni juges équitables, ni juges compétens dans cette matiere.
En

* Puffendorf, du Droit Naturel, & du Droit des
Gens, l. 8. c. 9. & dernier, le jeune Cocceius ſur
Grot. l. 3. c. 9. la, t. c. §. 12. litt. A & Diſſ. prelim.
où il rapelle la Doctr. de Grot.

En effet ou ils ont compris le sens de cet Article & l'ont dissimulé, ou ils ne l'ont pas compris; s'ils ne l'ont pas compris, ils ont manqué au respect du aux Puissances contractantes; s'ils l'ont compris & qu'ils l'aient dissimulé, ils ne sont pas juges équitables, & ils ont manqué au respect qu'ils se doivent à eux mêmes.

L. Ce que je viens de dire de l'Impératrice de toutes les Russies, a aussi lieu à l'égard du Roi de Pologne comme Electeur de Saxe, parcequ'il a été nommé dans le Traité de Paix. Mais il ne peut s'appliquer à ce Prince comme Roi de Pologne, parceque, ce dont il s'agissoit l'an 1726. n'ayant point eu de suite, il n'est fait aucune mention du Roi, ni de la République de Pologne dans le Traité de Schnellendorf, & que le Royaume n'a point été nommé, ni compris dans le Traité de Breslau, ni dans celui de Dresde. C'est pourquoi, si le Roi de Prusse avoit déclaré la Guerre aux Polonois, les Partisans de la Maison d'Autriche conviendroient avec ceux de la Cour de Berlin, que le Roi & la République de Pologne ne pourroient jouir du benefice de la Paix, parcequ'ils n'y ont point été compris, & que l'Impératrice Reine ne pourroit récouvrer par cette Guerre son Droit sur les Provinces cedées au Roi de Prusse. Mais que peut-on inferer délà contre le IVme Article?

LI. Supposons que le Roi de Pologne eut accedé, sur l'invitation qui lui fut faite, à cet Article tel qu'il est, sans qu'on eut rien changé
dans

dans la lettre, comme cela arrive quelquefois
dans la suite des Negociations: je prouverai facilement, qu'il ne s'est rien fait, même dans cette
hypothése, de contraire aux Maximes du Droit
de Nature & des Gens. Car il s'en suivroit seu-
seulement que l'Impératrice Reine en faisant la
Guerre au Roi de Prusse, auroit arraché de ses
mains ces Provinces, & qu'elle les auroit revendi-
qués par le *Droit* de *Reversion* & de *Retour*, comme disent les Juris Consultes, lorsque S. M. I.
& R. auroit pris les armes en faveur de la Russie, & qu'elle les auroit acquises par le Droit de
la Guerre & d'Alliance, si elle avoit épousé la
cause de la Pologne.

LII. Il est à propos de revenir une seconde
fois à la Guerre du Péloponese & à la seconde
Guerre Punique, parceque le savant Grotius &
tous les plus habiles Professeurs de cette Univer-
sité, lesquels se reglent sur ce qui s'est passé entre ces Peuples, aussi distingués par leur Science
& leurs Talents, que par leur experience dans
l'Art Militaire, enseignent, qu'on peut faire plusieurs choses sans contrevenir aux Traités, quoique, considerés sous un autre point de vue, elles sont contre le Droit, & fournissent une juste
cause de faire la Guerre. *Ce n'est pas la même
chose*, dit Grotius, *de rompre la Paix, & de
donner un nouveau motif de faire la Guerre: il
y a certainement une grande différence entre ces
deux choses: la cause des autres Alliés qui ne sont
pas nommés dans le Traité de Paix, est une cause
diffé-*

différente, & on ne peut les attaquer hostilement, parceque la Paix aura été rompue. Il ne s'ensuit cependant pas delà, qu'on ne puisse point faire la Guerre sous ce nom; mais cette Guerre sera faite alors pour une autre cause. * Il suit de ces principes, que si la Pologne avoit accedé au IVme Article, & qu'elle fut devenue Alliée des deux Impératrices, ces deux Princesses auroient pu, & même du prendre sa defense toutes les fois que le Roi de Prusse l'auroit attaquée, non pas sous le titre de *perfidie*, comme s'il avoit violé la foi des Traités en faisant la Guerre aux Polonois, mais pour une autre cause, parcequ'il auroit dans ce cas attaqué hostilement un nouvel Allié des deux Impératrices. *Il vaut beaucoup mieux*, continue Grotius, *qu'on croie, que l'injustice ait été faite sans perfidie, que de croire que l'injustice se trouve avec la perfidie*, quoiqu'il convienne que l'une & l'autre sont de justes motifs de faire la Guerre.

LIII. C'est pourquoi les trois Puissances Alliés, dans la supposition que la Pologne eut accedé au Traité, & les quatre, si l'Electeur de Saxe y avoit adheré, auroient formé un seul Corps Politique; & n'auroient eu qu'une seule & même guerre à soutenir, laquelle elles auroient entreprise dans le même dessein, par un même motif

&

* Grot. du Droit de la Guerre & de la Paix l. 2. c. 16. §. 13. & l. 3. c. 20. §. 27. 28. & 33. Voyez aussi Coccejus lett. B. Text. dans la Synop. du Droit des Gens c. 21. a n. 17.; Schmier, l. 4. c. 2. Sect. 5. de la Jurisp.

& pour la même caufe, c'eft-à-dire, pour une défenfe mutuelle. Ainfi, les aufpices fous lefquels elles auroient fait cette guerre, auroient été ou communs & reciproques, ou refpectifs, dans l'hypothéfe que chacun des Alliés eut eu fes motifs particuliers de faire la Guerre, fans cependant qu'il fe fit aucun changement dans la forme d'union par rapport aux autres fruits de la guerre, fuivant l'explication que Barbeirac en donne, lorfqu'il parle de l'Alliance des Romains avec les Latins. *La claufe du Traité*, au fujet du partage des depouilles, *avoit lieu tant par rapport à la Guerre, faite fous les aufpices des peuples Latins, qu'à l'egard de celle qui fe feroit fous les aufpices du Peuple Romain, car ils s'engageoient reciproquement* (faites attention que la défenfe mutuelle & reciproque étoit la feule fin & l'unique caufe des Alliances) *à fe fecourir les uns & les autres, quand ils viendroient à être attaqués.* Tous les Juris-Confultes fuivent le fentiment de Barbeirac & citent plufieurs exemples anciens & nouveaux pour le confirmer. *

* Grot. du Droit de la Guerre & de la Paix l. 2. c. 15. §. 6. Gronovius dans le même endroit, & l. 3. c. 6. n. 23. Barbeirac n. 2. & 6. Tesmar let. D.. Ayla du Droit de la Guerre, l. 5. c. 7. Coccejus le Jeune fur Grotius l. 3. c. 6. §. 22. let. D. & dans fa Diff. Prælim. l. 2. c. 2. &c. Puffendorf du Droit Naturel & des Gens. l. 8. c. 9. §. 3.

MEMOIRES
POUR SERVIR A
L'HISTOIRE
DE NOTRE TEMS,
OU L'ON DEDUIT HISTORIQUEMENT
LE DROIT ET LE FAIT
DE LA
GUERRE SANGLANTE.
QUI TROUBLE TOUTE L'EUROPE.

Numero Quatrieme.
DEDUCTION HISTORIQUE DU DROIT
ET DU FAIT DE LA GUER-
RE PRESENTE.

LIV.

S i le Roi de Prusse avoit donc commencé la Guerre, comme il auroit attaqué le Roi de Pologne, un des Alliés,
tous ses biens & toutes ses possessions auroient été
sur le champ exposés, selon le droit des Gens,
au sort incertain de la Guerre, comme s'ils avoient
été des biens sans Possesseur, c'est le sistéme de
Grotius; ou le Droit de Possession seroit resté,
selon Puffendorf, dans un état d'incertitude jusqu'à la fin de la Guerre, ou, selon d'autres, ils

D   auroi-

auroient été laissés à la discretion du vainqueur
en punition de cette Gerre injuste.   Quelque
sistémè que l'on suive, il est certain, que l'Aggresseur auroit exposé au sort des Armes la Possession
de ses propres biens, ou en entier, selon le sentiment des Partisans de la Cour de Berlin, dont j'ai
parlé au §. VIII, ou une partie en reparation du
tort qu'il auroit fait & pour le payement d'une
dette qu'il auroit contractée selon nôtre sistéme.
Les Alliés étoient donc Maitres d'établir quelles
loix ils jugeoient à propos pour le partage des
depouilles.   Soit qu'ils fissent de nouvelles Loix
à ce sujet, soit qu'ils suivissent celles des nations,
le Roi n'avoit point à se plaindre; ils ne lui
faisoient aucun tort en suivant plutôt une Loi
qu'une autre dans le partage de ses biens, dont il
perdoit la possession en déclarant la Guerre, &
qu'il exposoit à la volonté des Alliés.   En effet
ce n'est point à l'ennemi vaincu à decider de
quelle maniere les Vainqueurs doivent partager
entre eux ses depouilles; la proportion qu'ils
gardent dans ce partage ne le regarde point.
Tout son droit s'étend seulement à examiner, si
ses biens sont devenus justement ou injustement
le butin de la Guerre.   Les Ecrivains de la Cour
de Berlin ne s'attachent qu'à censurer la forme
du partage, qu'il regardent comme injuste, &
s'embarrassent peu de la seconde chose, laquelle
est cependant le principal objet, qui devroit les
fixer.   Pour moi, je crois avoir traité l'un &
l'autre Article assez au long, & avoir démontré,
que

que l'Impératrice Reine étoit autorisée par le Droit de la Guerre, à revendiquer l'une & l'autre Province, toutes les fois, que le Roi de Prusse attaqueroit la Pologne, & par le Droit de *Réversion* & de *Retour* s'il agissoit hostilement contre la Saxe & la Russie; le Droit des Gens & les conditions explicites du Traité s'accordent dans l'un & l'autre cas. Or afin que les Guerres n'en fassent pas naitre d'autres, il est a propos de prévenir toutes dissensions dans ces Traités, & d'ôter toute cause de nouveaux différends entre les Vainqueurs au sujet du partage du butin, comme cela arriva entre les Officiers d'Alexandre le Grand après sa mort. Nous lisons dans l'histoire, que Ptolomée & Cassandre firent en premier lieu la Guerre à Antigonus, avec qui ils vouloient partager les depouilles de l'ennemi vaincu, & qu'ils se la firent ensuite pour le même sujet, lorsqu'ils eurent defait Antigonus. *

LV. L'Auteur du Libelle & celui de la Lettre écrite à Dantzick, repliqueront peut-être que, si le Roi avoit attaqué la Pologne, ces Provinces auroient pu, en suivant ces principes, être adjugées à la Reine par le *Droit de la Guerre*, mais qu'elle n'auroit pu recouvrer ses anciennes prétensions par le *Droit de Réversion*, comme il a été stipulé dans le IVme Article, puisque l'invasion en Pologne n'auroit point rompu les liens de

D 2 l'Alli-

---

* Justin. hist. l. 15, Coccejus differt. 12. liv. 7. chap. 2. §. 743, & dans Grot. liv. 3. chap. 6. §. 22. lit. D.

l'Alliance, par laquelle l'Impératrice Reine étoit
déchue de tous ses Droits. Mais ces Ecrivains
en faisant une telle reponse, retombent, comme
l'on dit, *de la fumée dans le feu.*

LVI. Premierement je leur demande, si l'Alliance & la Guerre auroient changé la nature des
choses, desorte que ce qui étoit juste fut devenu
injuste; si ceux qui ont écrit le Traité, ont fait
quelques fautes contre les regles de la Grammai-
re, ou n'ont pas observé celles de la Syntaxe, ou
ont mis un titre au Traité différent de celui qu'il
devoit avoir? Ciceron repondroit à cette question, *qu'il faut faire attention à ce qu'on a pensé,
& non pas à ce que l'on a dit.* Pour moi, je
donne encore une autre reponse.

LVII. Les Ecrivains de la Cour de Berlin
n'ont fait aucune mention de la différence qu'il
y a entre les choses, qui ont été faites, & celles
qui auroient pu se faire. Cet Article a été écrit
pour deux Puissances qui contractoient des Alliances, lesquelles avoient été comprises toutes
les deux dans la Paix de Dresde. On compren-
nez sans doute, que je veux parler de l'Impératrice Reine de Hongrie & de l'Impératrice de
toutes les Russies: Ces deux Augustes Princesses
étoient persuadées, & elles devoient l'être, que
l'aggression supposée de la part du Roi de Prusse,
étoit une violation manifeste de la Paix. Dans
ce cas les deux Impératrices devoient se servir
de cette façon de parler, & il étoit necessaire,
les choses étant ainsi, qu'elles traitassent du droit
de

de *Réverfion* aux anciens Droits. Les Puiffances contractantes crurent qu'elles devoient auffi inviter la Pologne à acceder à l'Alliance comprife dans le IVme Article, en ce que cette Alliance pourroit lui convenir : on ne demandoit pas, que cette Puiffance s'engageât à l'obferver dans toute fon étendue & prife à la lettre. Les Alliés devoient encore regler avec la Puiffance invitée, ce qui concernoit les fraix de la Guerre : il falloit convenir des fecours que chacun des Alliés devoit fournir, & de quelle façon fe feroit le partage des depouilles de l'ennemi, fi la guerre étoit favorable aux Alliés. Les lettres de l'Electeur de Saxe, que les Pruffiens ont rendues publiques, expofent toutes ces chofes au grand jour. Lorfque les Polonois auront decidé qu'ils doivent acceder à ce Traité, fi veritablement ils connoiffent leurs intérêts, les Autrichiens auront foin de rediger l'Article de façon, que l'Epilogueur de Berlin n'ait aucun moyen d'en detourner les fens. Mais pourquoi paffe-t-il inutilement le tems à invectiver contre un cas, qui n'exifte pas, & qui eft fimplement poffible, comme fi réellement il exiftoit ? Eft ce à deffein d'en impofer par cette fupercherie au Peuple ignorant ?

LVIII. On connoitra facilement, parce que j'ai dit jufqu'à préfent, le veritable fens de cet Article, & quelle équivoque s'eft gliffée dans les confultations du Confeil Privé de Drefde, qu'on avoit prié de dire fon fentiment fur la nature du IVme Article, lefquelles ont été écri-

tes

tes le 15 d'Août & le 17 de Septembre 1748,
Ce Conseil ne faisoit certainement pas attention,
lorsqu'il écrivoit de telles choses, aux Traités
qui avoient précédés la Paix de Dresde & qui ont
été renouvellés dans cette Paix. C'est pourquoi
il ne distingua pas le cas existant du cas possible,
c'est-à-dire, le cas de l'Empire de Russie, compris dans les Traités, du cas de la République
de Pologne, invitée à acceder à la nouvelle Alliance, & dont il n'étoit fait aucune mention
dans les anciens Traités. Il put donc croire,
que le Roi de Prusse regarderoit l'Electeur de
Saxe comme ennemi & comme Puissance Belligérante, desque les hostilités auroient été com-
mencées, en ce qu'il auroit accedé au IVme Article. En effect, sitôt que la Guerre est allu-
mée, on appelle ennemi & Puissance Belligérante, (sauf la bonne façon de parler) tant celui
qui soutient la Guerre en son propre nom ou
en celui de ses Alliés, que celui qui la déclare.
Mais on ne conviendra jamais, qu'on puisse l'ac-
cuser de perfidie, ou d'être complice de perfidie,
ou d'avoir fait naître une nouvelle cause de
Guerre, pour avoir stipulé la *Réversion* de la
Silesie & du Comté de Glatz, parce que, comme je l'ai suffisamment demontré par l'exposi-
tion des Articles de la Paix de Berlin & des Traités précédens, la stipulation de cette réversion
convenoit parfaitement au cas existant, par *le
Droit de Retour* quant aux Prussiens, & par *la
Loi Sacrée de l'Alliance* quant aux Russiens, c'est-
à-dire,

à-dire, toutes les fois que l'Empire de Ruffie compris dans les fusdits Traités, feroit attaqué par le Roi de Pruffe ; elle convenoit très bien auffi au cas poffible, c'eft-à-dire à l'acceffion de la République de Pologne, par *le Droit de la Guerre* & par *la Loi Sacrée des Traités*, dans la fuppofition que cette République y eut accedé.

. Le Confeil de Dresde, dont je viens de parler, ne pouvoit certainement pas douter, que l'on ne confondit, par ce moyen, les obligations & le nom de principale Puiffance Belligérante, ou que l'Electeur fit valoir les mêmes principes qu'il avoit allegués contre le Roi de Pruffe dans la Guerre précédente, c'eft-à-dire, en 1744. Or ce Prince n'avoit jamais promis dans cette Guerre des fecours à l'Impératrice Reine pour *une Guerre certaine* contre le Roi de Pruffe. C'eft pourquoi on ne pouvoit le regarder, ni comme partie principale dans cette Guerre, ni comme partie acceffoire, comme je l'ai amplement prouvé ci-deffus. Au contraire, on fuppofe dans le IVme Article, que l'aggreffion eft effective & réelle de la part du Roi de Pruffe, & par confequent on avoit formé une focieté défenfive pour *une Guerre certaine* contre ce Prince, & l'Electeur étoit devenu par cette focieté defenfive, ennemi actif & paffif du Roi de Pruffe, dans la fuppofition que ce Prince eut attaqué l'un ou l'autre des Alliés, & avoit droit à tous les effects de la Guerre & du Droit des Gens, même au partage du butin felon que le

D 4 fort

fort de la Guerre auroit favorifé l'un & l'autre
des Combattans, fans que cet Electeur eut merité
le titre d'Aggreffeur, ou qu'il eut violé les Traités précédens, ou que la nature de la Guerre
défenfive eut changé, ou que les principes établis
dans la Guerre précédente fuffent détruits, à caufe
de la différence effentielle & palpable qui fe trouve dans l'un & l'autre cas.

LIX. Les reproches que l'Auteur du Libelle,
dont j'ai parlé, & celui de la Lettre écrite à Dan-
tzic, font à la Cour de Vienne, font auffi injuftes
& paroiffent inventés à plaifir. En effet, ces
Ecrivains s'élevent contre cette Cour, comme
fi elle avoit violé la Paix en faifant le Traité de
1746. & comme fi elle n'avoit pas obfervé les
conditions de l'article premier de la Paix de Breslau & de Dresde, par lefquelles elle s'étoit engagée à ne fournir aucuns fecours aux ennemis du
Roi de Pruffe. Mais qu'une caufe, qui a befoin
de telle fecours, eft foible! Reconnoiffons ces
Traités, & convenons qu'ils font reciproques.

LX. Je me fervirai d'induction ici en premier
lieu, & je demande aux Ecrivains de la Cour de
Berlin par *inftance*, comme difent les Logiciens,
fi l'Impératrice Reine a violé la Paix, en s'enga-
geant à donner des fecours à fes Alliés, afin de les
mettre en état de répouffer la force par la force,
& de faire échouer dans fes projets tout ennemi
qui les attaqueroit, comment ils veulent per-
fuader, que le Roi de Pruffe a fidelement obfervé
les conditions des Traités & gardé la Paix, lui
qui,

qui, après avoir fait un Traité à Breslau avec l'Impératrice Reine, donna en 1744, sous titre d'Allié, des secours à l'Electeur de Baviere, qui faisoit une Guerre ouverte & offensive à cette Princesse ? Le Roi de Prusse tacha de colorer cette demarche par de spécieux prétextes, afin de cacher ses noirs projets; mais il eut beau faire : tous ceux qui jugerent sainement des choses, virent bien que cette demarche ne s'étoit faite, qu'en consequence de l'Union de Francfort, dont tout le monde eut connoissance, quelque secrette qu'on voulut la tenir. Un Prince juste & équitable *ne doit pas être plus indulgent pour lui même que pour d'autres personnes, ni se pardonner des crimes pour lesquels il condamne les autres.*

LXI. Je vais presentement repondre d'une maniere directe aux Ecrivains de la Cour de Berlin. Lorsque la Paix de Breslau & celle de Dresde furent faites, la Reine étoit en Guerre avec plusieurs autres Princes en Allemagne & hors les limites de l'Empire, qui lui disputoient la plus grande partie de ses Etats héréditaires. Quoique la nature de la Paix fut telle, que le Roi de Prusse ne put plus faire la Guerre directement à la Reine, ni favoriser indirectement celle que ses ennemis lui faisoient, en leur donnant des secours, cette Princesse eut cependant la précaution de le faire spécifier en termes exprès. L'évenement prouva combien cette précaution étoit sage, quoique le Roi de Prusse l'ait rendu inutile.

D 5 Or

Or les engagemens devoient être reciproques
dans cette hypothéfe, autrement la Paix n'auroit
pas été jufte, & auroit été defavantageufe au Roi
de Pruffe & contraire à fa Puiffance & à la dignité
de fa Couronne, à caufe de l'inegalité du Traité,
comme tous les célébres Juris-Confultes nous
l'enfeignent. Le Traité que l'on fait pendant
que les chofes font dans cette fituation, ne regarde que ceux qui font ennemis, & ne peut
s'étendre à ceux, qui le feront par la fuite, félon
la façon ordinaire de s'exprimer. Grotius con-
firme cette vérité, par l'exemple de l'Alliance que
Lutatius Conful Romain fit avec les Càrthaginois,
laquelle mit fin à la premiere Guerre Punique &
donna occafion à la feconde dont le fiége de Sa-
gunte fut la veritable caufe. Voici les termes
dans lefquels ce Traité étoit conçu : *Les Alliés
des deux Nations doivent être à couvert de tout
danger & de toute infulte de la part de l'une & de
l'autre Nation.* Après cette Paix, les Saguntins
firent une Alliance avec les Romains : Annibal
leur fit la Guerre ; les Romains prétendirent que
cette Guerre étoit contraire au Traité qu'ils avoient fait avec les Carthaginois : Grotius repond
avec ceux-ci, que cette Alliance ne devoit s'entendre que de ceux qui étoient alors Alliés, &
non pas de ceux, qui pourroient l'être par la
fuite, & que, par conféquent, on ne pouvoit
pas les régarder comme des perfides, comme
nous l'avons dit ci-deffus. Ce que Grotius dit
des Alliés, nommés en général dans le Traité

que

que les Romains firent avec les Carthaginois, je
le dis des ennemis, que nous trouvons aussi nommés en général dans les Traités faits entre la
Reine & le Roi de Pruffe. Gronovius, Tefma-
rus, Coccejùs le Jeune, Puffendorf & les plus
habiles Juris-Confultes fuivent le fentiment de
Grotius, parce qu'on doit prendre dans le fens
le plus ftricte, les pactes qui mettent des bornes
à la faculté naturelle, afin que la liberté reciproque
foit moins genée, & qu'on prévienne, autant
qu'il eft poffible, toute violation des Traités.

LXII. D'ailleurs, cette objection devient
nulle à caufe de cette liberté entiere, que tous les
Princes Souverains ont, de faire des Alliances avec
ceux qu'ils jugent à propos, à moins qu'ils ne fe
foient depouillés de cette liberté par des Traités
antérieurs, comme cela eft arrivé dans la Guerre
du Peloponnefe & dans la feconde Guerre Punique.

LXIII. Les habitans de l'Isle de Corfou difoient, felon Thucidide, que *l'Alliance que les*
Athêniens avoient faite avec les Lacedemoniens,
n'empêchoit point qu'ils ne fiffent legitimement de
nouveaux Traités d'Alliance. Tite-Live rapporte auffi que les Romains difoient, *qu'on avoit*
affez pourvu à la fureté des Saguntins, les Alliés
des uns & des autres étant exceptés. Car on n'a-
voit point ajouté ceux qui l'étoient alors, ni ceux
qui le feroient par la fuite; & puifqu'il étoit per-
mis de fe faire de nouveaux Alliés, quelqu'un
regardoit-il comme une chofe jufte de contracter
une

une *Alliance avec une Nation qui ne l'avoit me-*
rité en aucune façon, ou de ne pas defendre ceux
qui étoient deja Alliés ? Comme les Carthaginois
persistoient dans leur sentiment, & qu'ils nioient,
que les Saguntins pussent réclamer le Traité de
Lutatius Conful Romain, parcequ'ils avoient été
reçus Alliés après ce Traité, *le peuple Romain*
crut, qu'il étoit de sa gloire de déclarer la Guerre
plûtôt que de s'amuser à disputer par écrit du droit
des Alliances. Tout homme raisonnable approu-
vera certainement leur conduite.   En effet, s'il
étoit permis aux Carthaginois de faire la Guerre
aux Saguntins, sans qu'ils passassent pour avoir
violé la Paix, il devoit l'être aussi aux Romains
de les defendre, sans qu'on put les regarder comme des perfides, parceque ces deux Nations
avoient la liberté de se faire de nouveaux Alliés,
& de prendre les armes pour leur défense, sans
qu'elles parussent violer la Paix. *Il fut donc per-*
mis aux Romains, conclut le savant Grotius,
de faire une Alliance avec les Saguntins, & de les
defendre après qu'ils furent reçus dans leur ami-
tié, non pas en vertu de l'Alliance, mais en vertu
du Droit Naturel dont ils ne s'étoient point dépouil-
lés par leurs Traités. Ne semble-t-il pas, que
ces choses aient été écrites pour le cas où les Polonois auroient été reçus en Alliance & en amitié
avec l'Impératrice Reine ? Car enfin, par le
Traité fait avec le Roi de Prusse, cette Auguste
Princesse ne s'est point dépouillée de la liberté
de faire les Alliances qu'elle voudroit. Si cela
lui

lui a été permis, il a du le lui être auffi de défendre fes nouveaux Alliés, & elle auroit fimplement rempli fes obligations contractées avec
eux, en vengeant l'injure qui leur auroit été faite,
& jamais perfonne n'auroit pu l'accufer d'avoir
donné des fecours aux ennemis du Roi de Pruffe.
Car il les auroit fait lui feul tels en les attaquant
hoftillement, & par confequent, on diroit, qu'il
feroit la première caufe de l'injure faite, & qu'il
fe feroit déclaré la Guerre à lui même.   Mais fi
à l'occafion d'une perfonne étrangere, qui ne
feroit point nommée dans le Traité, il s'allu-
moit une autre Guerre entre des Alliés ou des
Nations, qui feroient devenues amies une feconde fois dans une Paix, cette Guerre feroit entreprife pour une autre caufe jufte, nouvelle &
nullement contraire au Traité.   *Dans ce cas* (qui
eft précifement le même, que fi le Roi de Pruffe
attaquoit les Polonois,) *les Carthaginois*, continue Grotius, *n'auroient rien fait contre les Traités, s'ils avoient déclaré la Guerre aux Saguntins,
ni les Romains s'ils les avoient defendu,* ni par
confequent l'Impératrice Reine, fi elle défendoit
les Polonois dans l'Hypothefe faite.   Le Deputé
des peuples de la Campanie s'appuya fur ce droit
pour demander des fecours aux Romains contre
les Samnites, & pour faire recevoir fes compatriotes dans leur amitié.   Il parla dans ces termes au Sénat à cette occafion.   *Je fais que les
Samnites font vos premiers Alliés & vos anciens
amis, mais cette raifon ne doit point vous empêcher*

cher de nous recevoir dans votre amitié, parce-
qu'il n'a point été specifié dans le Traité que vous
avez fait avec les Samnites, que vous ne pourriez
*contracter de nouvelles Alliances.** Tous les plus
Savans Juris-Consultes ont rapporté dans tous
les tems, ces exemples remarquables.

LXIV. Si nous prennons dans ce sens le premier Article de la Paix de Dresde, nous ferons
recréance non seulement au Roi de Prusse actuel-
lement regnant, mais encore à un de ses Illustres
Ancêtres, puisque l'Electeur de Brandebourg
Frederic Guillaume fit stipuler en termes exprès
dans un Article séparé de l'Alliance qu'il contracta
en 1658. avec l'Auguste Maison d'Autriche,
qu'il rentreroit en possession de la Pomeranie
Suedoise qu'il avoit cedée à la Suede en 1653 &
1656. par plusieurs Traités de Paix & d'Alliance,
en cas que la Suede attaquât le nouvel Allié,
dont il n'avoit été fait aucune mention directe
ni indirecte dans les Traités précedens. Ce Prince
prétendoit pouvoir faire une telle Alliance sans
violer la foi des Traités ni la Paix. Cependant
ce Traité ne fut point fait pour mettre les armes
bas, comme l'ont été ceux de Breslau & de Dresde, mais afin de contracter une Alliance éternelle
& une étroite amitié. C'est pourquoi lorsque
nous entreprennons de justifier le IVme Article
de

---

* Grotius du Droit de la Guerre & de la Paix liv.
2, chap. 10. & chap. 16. §. 13. Sect. 2. Tesmar. Lett.
X. Van der Meulen, Coccejus le Pere, & Coccejus
le Fils, Puffendorf &c.

de l'Alliance de Petersbourg contre les invectives de l'Ecrivain de la Cour de Berlin, ne défen-
dons nous pas un Traité secret fait par l'Electeur
dont nous venons de parler ?

LXV. Le Roi de Prusse lui même n'à-t-il
pas contracté d'autres Alliances depuis la Paix de
Dresde ? Je puis citer entre autres, le Traité
qu'il a fait avec la Cour de Londres le 26 Fevrier
de l'année 1756. lequel n'est pas un Traité d'une
simple amitié pour une défense reciproque ; ce
Prince s'est engagé par ce Traité, à défendre
l'Electorat d'Hanovre *contre quiconque*, & a im-
posé la Loi de neutralité à l'Allemagne, & à ses
Princes dont chacun en particulier jouit, selon
l'usage établi, & les anciennes Constitutions,
du droit de faire la Guerre, la Paix & des Alliances, excepté contre l'Empereur, l'Empire & la
Patrie. S'il arrivoit que les Anglois ou les Ha-
novriens devinssent par la suite, les ennemis de
l'Impératrice Reine, le Roi de Prusse manqueroit
dans le sistême des Ecrivains de la Cour de Berlin, aux conditions du nouveau Traité de Londres, s'il refusoit aux Anglois ou aux Hanoveri-
ens les secours, qu'il feroit obligé de leur donner par le nouveau Traité, ou il violeroit la Paix
de Dresde s'il leur en donnoit, de sorte qu'en
prennant cette Alliance dans le sens des Ecrivains
de la Cour de Berlin, ce Prince seroit reduit à
la dure nécessité de manquer de bonne foi à l'é-
gard de l'un ou de l'autre Prince.

LXVI.

LXVI. Qu'il me soit donc permis de re-
presenter aux Ecrivains de la Cour de Berlin
qu'il ne falloit pas impliquer le Genre Humain
& toute l'Allemagne, qui est la Patrie des
Puissances Belligérantes ; dans une guerre
sanglante sous des prétextes vains & frivoles
en faisant naître des ténébres dans les esprits
des plus foibles & en tâchant de les persuader par de fausses interprétations d'un Traité
innocent en lui même, connu depuis longtems du Roi de Prusse , & principalement
fondé sur cette raison que nous tirons de la
nature même, & qui est commune aux hommes & aux animaux ; laquelle nous dit, de
prendre toutes les précautions nécessaires pour
nous mettre à couvert de toute violence ex-
terieure & de veiller à notre propre conservation.

Numero

MEMOIRES
POUR SERVIR 'A
L'HISTOIRE
DE NOTRE TEMS,
OU
L'ON DEDUIT HISTORIQUEMENT
LE DROIT & LE FAIT
DE LA
GUERRE SANGLANTE.
QUI TROUBLE TOUTE L'EUROPE.

Numero Cinquieme.

DEDUCTION HISTORIQUE DU DROIT ET DU FAIT DE LA GUER-RE PRESENTE.

LXVII.

C e fut le feul objet que les Puiffances contractantes fe propoferent dans le IVme Article du Traité de Petersbourg, lequel ne renferme rien de contraire aux Loix de la Paix: Il n'y eft fait mention d'aucune entreprife, qui puiffe allarmer la Cour de Berlin; on n'y a manqué en rien aux droits de l'amitié & à la fidelité des Traités. Il a fimplement été fait à deffein d'affermir une étroite amitié entre les deux Impératrices, & d'inviter le Royau-

me de Pologne à cette Alliance. Il étoit même
de l'intérêt des Alliés, d'empêcher, fans aucun
Traité préalable, toute invafion ennemie dans
ce Royaume, & d'en conferver la tranquilité,
puifqu'il eft fitué entre les deux Empires. Car
fi ce Royaume avoit paffé fous la domination
d'une autre Puiffance, le Traité fait entre les
deux Impératrices feroit devenu inutile, parce
qu'elles n'auroient pu entretenir aucune commerce, & qu'il leur auroit été impoffible de réu-
nir leurs forces.

LXVIII. Le Roi de Pruffe pouvoit prévenir tous ces malheurs en confervant la Paix.
Lorfqu'il a jugé à propos de déclarer la Guerre
à un des Alliés, il a fait revivre, par fa faute, les
droits de l'Impératrice Reine fur la Silefie & le
Comté de Glatz. S'il avoit attaqué les Polonois
ou quelques uns de leurs Alliés, ils auroient été
authorifés, par cet acte d'hoftilité, à faire une
invafion dans fes Etats & à s'en emparer felon le
Droit de la Guerre, quoiqu'ils ne fuffent pas
compris nommément dans le Traité.

LXIX. Plut à Dieu qu'il fut permis de rapporter ici les autres caufes de cette Guerre fang..
lante, qui a commencé dans le nouveau monde,
& qui continue de devafter l'Europe par des haines implacables & des batailles meurtrieres. Ces
caufes doivent certainement être connues de tout
le monde, puifque tous ces grands préparatifs,
qui fe font dans toute l'Allemagne, nous annoncent une Guerre des plus fanglantes dont il foit
fait

fait mention dans l'histoire. Nous pouvons dire d'avance avec Tite-Live, au commencement de son histoire de la seconde Guerre Punique : *Voici la Guerre la plus memorable qu'on ait jamais vue. Car les Villes les plus puissantes & les Nations les plus florissantes ont pris les armes les unes contre les autres : elles n'ont jamais eu tant de forces rassemblées ; on s'est servi dans cette Guerre ci de toutes les ruses & de tous les secrets de l'Art Militaire dont on a fait l'essai dans la premiere Guerre : les haines ont été encore plus fortes que les forces.* En effet, pourra-t-on jamais se persuader, qu'on se prepare à repandre tant de sang humain sans de grandes causes, & qu'on rassemble les plus belles armées, qu'on ait vues depuis un siècle dans l'occident, pour mettre tout à feu & à sang dans les Provinces les plus Guerrieres de l'Europe ? Supprimez le IVme Article auquel les Ecrivains de la Cour de Berlin ont taché de donner un mauvais sens, dans tous les Libelles qu'ils ont publiés, sur quoi ces Ecrivains pourront-ils appuyer devant le public, la cause de cette Guerre sanglante qui desole l'Europe ?

LXX. Les Puissances Belligérantes font assez connoitre l'horreur de cette Guerre dans leurs Ecrits, où elles tachent de rejetter le nom odieux d'Aggresseur l'une sur l'autre. Les Autrichiens prétendent, que le Roi de Prusse se preparoit depuis longtems à faire la Guerre, lui qui entretenoit des armées nombreuses au milieu de la Paix, & qui se rendoit redoutable à toutes les

E 2   Puis-

Puiffances dont les Etats étoient menacés d'une
invafion. Tous ces préparatifs immenfes de
Guerre obligèrent l'Impératrice Reine de lever
du monde & d'avoir des armées formidables fur
pied, afin d'être en état de repouffer la force
par la force; cette Augufte Princeffe gémiffoit
d'être réduite à cette dure neceffité, parce qu'elle
fruftroit par la fes Sujets des fruits de la Paix,
qui venoit de fe faire. Ce foupçon étoit fortifié
par les tentatives qu'on faifoit de tems en tems,
pour engager les Sujets de l'Impératrice Reine à
fe retirer dans les Etats du Roi de Pruffe; par
les feditions qu'on fomentoit fourdement; par
des recrues qu'on faifoit faire malicieufement &
prefque continuellement fur un territoir étranger, & même fur celui de la Maifon d'Autriche
comme on le fuppofe: ajoutez à cela, la violation
du Droit des Gens dans la perfonne des Ambaf-
fadeurs, & toutes les démarches qui ont été faites, pour engager les autres Puiffances à prendre
les armes contre l'Impératrice Reine. Un Autrichien, très bien inftruit de toutes ces chofes,
m'a affuré, qu'il y avoit des preuves authentiques
de tous ces faits, qui tendoient à troubler la
liberté & la tranquilité de la Monarchie de la
Maifon d'Autriche, non feulement dans les bureaux des poftes, mais qu'on en avoit encore bien
d'autres plus claires & plus convaincantes, lefquelles auroient été expofées au grand jour, fi
la Réligion des autres Princes d'un côté, & la
modération de l'Impératrice Reine de l'autre,
n'avoient empeché de le faire.   LXXI.

LXXI. Il ne nous convient point à nous autres particuliers d'approfondir d'avantage de tels fecrets, & il ne nous eſt pas permis de le faire. Mais quels qu'aient été les deſſeins & les projets de ces Puiſſances, qui s'accuſent aujourd'hui mutuellement; la Cour de Vienne a cru, qu'il étoit inutile de prouver les cauſes rapportées ci-deſſus. Elles n'a pas fait la Guerre, mais elle la ſoutient, & comme le Roi de Pruſſe a prouvé, par l'invaſion qu'il a faite l'année derniere dans la Bohéme & dans la Saxe, qu'il étoit l'Aggreſſeur de fait, c'eſt à lui, & non pas à la Cour de Vienne ni à celle de Dreſde, à prouver le Droit.

Les Ecrivains de la Cour de Berlin ont raiſon, ce ſemble, de diſtinguer ici l'aggreſſion des actes d'hoſtilités: pour moi, je les approuve; car ſi je prévois que quelqu'un veuille m'attaquer, je ne dois point paſſer pour Aggreſſeur, ſi je le préviens. C'eſt une queſtion de fait & non de droit. Quand on ne peut repouſſer cette force que par la Guerre, il ne faut pas eſſayer en premier lieu ce remede violent: il faut rendre raiſon à Dieu & aux hommes de la juſtice de la Guerre, afin de n'être pas la cauſe de tant de malheurs. Un ſimple ſoupçon, quelques bruits vagues, un motif leger ou douteux ou ſuppoſé ne ſuffiſent pas pour rendre l'aggreſſion innocente. Mais le danger dont on ſe croit menacé, doit être ſûr & indubitable, & la raiſon de prévenir la force qu'on craint, eſt juſte, lorſqu'il eſt

E 3   certain

certain, que le Prince qu'on foupçonne mediter quelque entreprife, eft puiffant & porté d'inclination à attaquer fes voifins. * Quelles preuves les Ecrivains de la Cour de Berlin pourront ils donner d'un danger fi eminent?

LXXII. On auroit dû nous expofer ces preuves lorfque le Roi de Pruffe fit parvenir fes demandes à l'Impératrice Reine, qu'il donna par écrit les caufes de la Guerre & qu'il voulut la déclarer, puifque cette coutume a été fubftituée à ces cérémonies Guerrieres, qui étoient en ufage chez les Romains, avant qu'ils fiffent déclarer par les Hérauts d'armes, la guerre à laquelle ils s'étoient préparés. Ces cérémonies & ces ufages leur paroiffoient fi facrés, qu'ils regardoient la Guerre commencée fans les avoir obfervés, comme injufte, & qu'ils étoient perfuadés qu'elle feroit malheureufe, parcequ'ils la croioient entreprife fous de mauvais aufpices. Mais fi nous examinons toutes les demandes du Roi de Pruffe, & fi nous lifons attentivement le Libelle dont nous avons parlé, nous n'y trouverons que des plaintes malfondées au fujet du Traité fait entre les deux Impératrices en 1756, dont l'Impératrice Reine a nié l'exiftence dès le commenc ment de la guerre. D'ailleurs il paroit, que les Ecrivains de la Cour de Berlin ont compris, qu'ils s'étoient lourdement trompés, puis-

* Grotius du Droit de la Guerre & de la Paix, l. 2. ch. 1. §. 17. & ch. 22. §. 5. & tous les interprétes.

puisqu'ils ne parlent plus de ce Traité, quoiqu'il
ait été le feul prétexte qu'ils aient allegué un mois
avant l'invafion des Pruffiens dans la Saxe & la
Bohéme.

LXXIII. Les caufes que les Pruffiens ont
allegués dans leurs derniers Ecrits, font tirées de
ce qui s'eft fait en 1746. & particulierement du
IVme Article que nous avons fuffifamment
prouvé être innocent en lui même, en detruifant
les Objections qu'on a faites contre, & que le
feul effect qu'il a produit pendant un fi long efpace de tems, a été de retarder au moins les
invafions que le Roi de Pruffe a faites depuis peu
dans la Saxe & dans la Bohéme, quoique cet
Article fut parvenu a fa connoiffance longtems
auparavant, comme la Cour de Berlin en eft con-
venue depuis peu.

LXXIV. Le Roi fit demander à l'Impératrice
Reine par fon Miniftre à la Cour de Vienne,
quelles étoient fes vues en formant des armées
fur les Frontiéres de fes Etats, quoique cette
Augufte Princeffe ne lui eut jamais demandé,
pour quoi il avoit retenu lui même fur les Fron-
tieres après la Paix de Drefde, les mêmes Troupes & les mêmes armées qu'il avoit fur pied pendant la Guerre; pourquoi il avoit formé tout
d'un coup en 1756 plufieurs Camps pour fes
Armées nombreufes? La volonté fuprême de
chaque Prince Souverain & le Droit des Gens
les ont difpenfés de la neceffité de repondre à de
telles demandes, & il eft permis à un voifin

E 4   d'oppo-

d'oppofer des Traités à des Traités, d'augmenter fes forces, de faire des recrues, & de fe pré-
parer à detourner par des forces égales tous les
mouvemens qui pourroient fe faire. L'Impératrice Reine fe rappellant ces principes du Droit
des Gens, n'oppofa au Traité impérieux fait le
26 Fevrier 1756. entre le Roi d'Angleterre,
Electeur d'Hanovre, & le Roi de Pruffe, qu'une
Alliance pacifique, innocente & purement défenfive, faite à Verfailles le prémier de Mai
fuivant avec le Roi Très-Chretien, quoique le
premier objet du Traité fait entre le Roi de
Pruffe & le Roi d'Angleterre, Electeur d'Hanovre, fût d'expofer les Païs-Bas Autrichiens à
une invafion de la part de la France, parcequ'ils
étoient privés, fous le titre de Cercle de Bour-
gogne, du benefice de la Neutralité prefcrite à
l'Allemagne, contre le refpect dû à fon Augufte
Chef & aux Membres de l'Empire, & afin d'é-
loigner de l'Empire les Ruffes & les François fous
le titre de troupes étrangeres, & de priver l'Augufte Maifon d'Autriche de tout fecours.

Qu'on juge prefentement, quelle reponfe l'Impératrice Reine pouvoit faire aux demandes du
Roi de Pruffe. Cette Augufte Princeffe aima
mieux garder le filence, & comme elle craignoit
de paffer pour avoir allumé d'avantage le flambeau de la Guerre par des difcuffions trop vives,
elle fe contenta de faire cette reponfe fimple,
pacifique & qui fatisfaifoit pleinement à la demande deplacée du Roi, *quelle avoit levée du*
monde,

monde, & fait des préparatifs de Guerre, afin de
défendre sa propre cause & celle de ses Alliés, qu'elle
n'avoit aucun mauvais dessein, & qu'elle ne vou-
loit faire tort à qui que ce fut.

LXXV. Une reponse si claire & si juste, devoit certainement empêcher le Ministre de là
Cour de Berlin de faire une troisieme fois des
demandes à l'Impératrice Reine, qui certainement ne diroit que ce qui pourroit encore augmenter sa gloire, & de menacer cette Auguste
Princesse, que le Roi lui déclareroit sur le champ
la Guerre, si elle ne vouloit pas lui promettre,
qu'elle ne feroit aucun acte d'hostilité ni cette
année ci ni la suivante. Si le Roi de Prusse avoit
desiré sincerement la Paix, il auroit beaucoup
moins demandé que ce qu'il avoit déjà obtenu
de l'Impératrice Reine, puisqu'elle lui avoit déjà
répondu, qu'elle n'avoit pris les armes que pour
se mettre elle & ses Alliés à couvert de toute
surprise. S'il avoit véritablement dessein de
rompre la Paix, il demandoit beaucoup plus
que la Reine pouvoit lui accorder, en conservant
l'honneur de sa Couronne & en remplissant les
obligations de ses Traités & celles de la Cause
publique, parcequ'elle auroit changé une Paix
éternelle dans une Trêve de deux ans, & qu'elle
auroit degagé, par cette action, le Roi de la
fidelité des Traités.

LXXVI. Cette demande orgueilleuse & im-
puissante nous fait resouvenir, du ton arrogant
avec lequel les Députés Romains avoient, cou-

E 5   tume

tume de parler aux Princes avec qui ils avoient
quelques demelés, lorsqu'ils les preſſoient de
repondre ſur le champ, *s'ils vouloient la Guerre
ou la Paix*. Cependant les Romains n'ont jamais porté le mepris, qu'ils avoient pour les
autres Princes, juſqu'au point de les forcer au
milieu d'une Paix cimentée par les Traités les
plus ſolemnels, de choiſir la Guerre ou une
Trêve, à condition qu'ils licencieroient une armée qu'ils auroient formée pour leur propre
défenſe, ou qu'ils la relegueroient dans des Provinces éloignées. On a donc jugé à propos de
repondre en gros, que *l'Impératrice Reine ne s'e-
carteroit point des Traités qui étoient encore dans
toute leur force*. Le Roi devoit reflechir ſur
cette reponſe, & deliberer s'il aimoit mieux rompre ces Traités en déclarant la Guerre, que de
les laiſſer ſubſiſter en vivant en Paix. Cependant
on apprit le jour même que le Miniſtre de Pruſſe
fit de nouvelles inſtances pour avoir une reponſe
plus poſitive, que le Roi s'étoit déterminé pour
la Guerre avant la derniere reponſe, puiſqu'il
avoit fait entrer ſes Troupes dans les Etats de
l'Electeur de Saxe, dans la vue de prévenir les
projets de la Cour de Vienne, qui vouloit lui
déclarer la Guerre, comme il l'a dit dans les
Mémoires qu'il a fait publier depuis ſon invaſion
dans la Saxe. Tel étoit l'état des choſes, lorſqu'on fit reponſe au Miniſtre du Roi, le 2 de
Septembre 1756. qu'il n'y avoit plus aucun
moyen de conſerver la Paix, depuis que le Miniſtre

niftre avoit déclaré la Guerre par fes difcours &
le Roi par fes faits & fes actions, que l'Impératrice Reine acceptoit la Guerre & declaroit qu'elle
la feroit dans le même éfprit qu'elle la recevoit. *

LXXVII. La Cour de Vienne n'eut plus de
conférences avec le Miniftre de Pruffe depuis ce
tems là. Les Ecrivains de la Cour de Berlin,
perfuadés qu'ils pourroient en impofer au Peuple
en donnant de fauffes interprérations au IVme
Article, l'ont repréfenté fous les couleurs les
plus noires, afin de rendre la Cour Impériale &
Royale odieufe. Ils tâchent de la noircir de
plus en plus en rapportant des faits, qui fe font
paffés dans l'efpace de dix années, c'eft-à-dire,
depuis que le IVme Article a été fait, jufqu'à ce
que le Roi, après avoir raffemblé fes forces,
ait commencé les hoftilités, comme s'il avoit
feul le droit d'armer. Ils ajoutent à cela, la
nouvelle Citadelle que l'Impératrice Reine a fait
faire à Olmutz, comme fi la Paix, que cette
Augufte Princeffe avoit faite avec le Roi de
Pruffe, lui ôtoit le droit de fortifier fes places.
Ce Prince croyoit-il, qu'on laifferoit, par com-
plaifance pour lui, la Bohême & la Moravie fans
troupes & fans Fortifications, tandis que fes
Frontiéres étoient à couvert de toute furprife
par

* Quand il eut repeté plufieurs fois, qu'il leur déclaroit la Guerre, ils répondirent tous qu'ils la re-
cevoient, & qu'ils la feroient dans le même éfprit
qu'ils l'auroient commencée. Tite-Liv. dec. 3. l. 1.
ch. 5,

par leurs Fortéreſſes. Grotius nous dit * *qu'il ne faut pas approuver le ſentiment de ceux, qui diſent, que c'eſt une cauſe juſte de faire la Guerre, lorſqu'un voiſin fait bâtir des Fortéreſſes ſur ſon territoir ou fait conſtruire d'autres Fortifications, qui pourront être un jour funeſtes, pourvu qu'il n'ait fait aucun Traité, qui l'en empêchent. Il faut ſe munir contre ces craintes, en enfaiſant faire ſur ſon territoir, & il faut chercher les mêmes remedes, s'il eſt poſſible, & ne pas déclarer la Guerre.*

LXXVIII. Les forces qu'une puiſſance raſſemble & les augmentations qu'elle fait dans ſes troupes, ne ſont des preuves convaincantes qu'elle à deſſein de faire des Actes d'hoſtilités, que lorſqu'on a de fortes conjectures, qu' ſe reuniſſent toutes à un même point & contre le ſeul Prince, ſur le compte duquel on a des ſoupçons. C'eſt encore Grotius, qui nous enſeigne ce principe dans un paſſage que les Ecrivains de la Cour de Berlin citent en leur faveur. ** *Il en eſt de même ſi l'on fortifie des places ſur les frontiéres, non pour ſe défendre, mais pour attaquer ; ſi l'on fait des recrues extraordinaires, & qu'on ait des indices ſuffiſamment plauſibles, qu'on ne peut les faire, que contre celui avec qui on a fait la Paix.* Je prens ici les Ecrivains de la Cour de Berlin pour juges.

LXXIX. Ce Théorême ; certain en luimême, eſt de plus confirmé par les faits, parceque la Cour de Vienne nie hardiment qu'elle

ait

* Grotius dans le Partag. 45.
** Idem liv. 3. chap. 20. partag. 40.

ait raſſemblé ſes forces, fait des recrues & aug-
menté ſes troupes dans le tems même que le Roi
de Pruſſe faiſoit naitre de ſi grands ſoupçons ſur
ſon compte. Car, enfin, y a-t-il quelqu'un
dans le monde, qui ignore, que l'Impératrice
Reine ne penſoit nullement à faire la Guerre au
commencement de 1756, puiſque les troupes
qu'elle a ordinairement en Allemagne & dans les
Pais-Bas Autrichiens, n'étoient pas complettes,
& qu'elle revoqua les ordres, qui avoient été don-
nés pour augmenter les troupes qu'elle avoit en
Italie, afin qu'elles n'excedaſſent pas le nombre
fixe qu'elle devoit y avoir en tems de Paix. Au
reſte la Cour de Vienne avoue ingenument, que
l'Impératrice Reine aiant eu avis des mouvemens du Roi de Pruſſe, a pris, pour ſa propre
ſureté, les réſolutions que la prudence lui dictoit & que les raiſons de Guerre exigeoient.
Elle fit une augmentation dans les troupes qu'elle avoit en Bohême, mais ſi tard, (parce qu'elle s'appuyoit ſur la fidelité des Traités,) que
l'ennemi auroit pu arriver aux environs même
de la Ville de Vienne, avant qu'elle eut appris
ſes mouvemens; *& la fraude auroit reuſſi,* pour
me ſervir des termes de Tite-Live, *ſi la fortune*
(l'ennemi aiant été arreté, contre toute eſperan-
ce, en Saxe) *n'avoit pas été pour le Droit des
Gens qu'on avoit deſſein de violer.*

LXXX. Mais, diſent les Ecrivains de la Cour
de Berlin, on auroit pu prévénir tous ces malheurs, ſi l'Impératrice Reine avoit voulu licentier

tier fes troupes, parceque le Roi l'auroit fait
auffi. Mais, dites moi, je vous prie, à qui
ces Meffieurs croient ils parler ? Eft - ce aux Sauvages de l'Amérique ? A des Gens qui ne favent
pas combien les Etats de la Monarchie d'Autriche font éloignés, & qu'il lui auroit fallu plufieurs mois, pour raffembler fes forces & faire
révénir fes foldats à leurs drapeaux, fi elle avoit
difperfé fon armée ? Tout le monde ne connoit-
il pas, au contraire, les cantonnemens que le
Roi pouvoit affigner à fes troupes, que fes armées auroient été diftribuées dans des Provinces
voifines des Etats de la Maifon d'Autriche, &
qu'il auroit pu raffembler toutes fes forces fans
peine & dans l'efpace de quelques jours ? Peut-
on accufer, avec quelque ombre de juftice,
l'Impératrice Reine d'être la caufe de la Guerre,
parcequ'elle n'a pas voulu accepter une Tréve,
que le Roi propofoit pour deux ans, à deffein
de rompre la Paix ? Cette Tréve lui auroit été
d'autant plus funefte, que fes mêmes Provinces
auroient encore été expofées à une invafion fubi-
te, & qu'elle n'auroit pu les couvrir affez à tems,
parcequ'elle auroit été obligée de lever de nouvelles troupes, ou de faire venir des Païs fort éloignés celles qu'elle avoit déjà.

Ariovifte, Roi d'Allemagne, ce Prince qui
nous eft repréfenté par Julius Celfus ou par quelque autre fous fon nom, comme *un grand
Guerrier, & un homme fier, arrogant, le plus
puiffant & le plus orgueilleux qu'il y ait jamais eu*
dans

dans l'Allemagne & dans la France, comptoit
surprendre Céfar par les mêmes rufes & les mêmes artifices.   Céfar demandoit à Ariovifte, qu'il
ne fit point la Guerre aux Alliés du Peuple Romain, avec lequel *le Roi, que Céfar appelloit fon
ami, avoit fait une Alliance Barbare fous fon
Confulat.*   Le Roi fit cette reponfe arrogante à
Céfar, qu'il n'y avoit point de Paix à efperer entre eux, amoins qu'il ne rappellât fon armée des
Gaules. L'Armée Romaine, accoutumée a donner la Loi aux ennemis au lieu de la recevoir
d'eux, fut indignée de cette reponfe, & ne re-
fpirant que la rage & la vengeance, elle prit les
armes, qu'elle ne quitta qu'après avoir tué le
Roi & detruit toutes fes troupes.   L'Impératrice Reine devoit bien moins fouffrir que quelque
autre Prince lui fit cette Loi, elle qui poffede
par le droit de fon Sang Augufte, fes vaftes Etats,
qu'elle s'eft confervés avec une conftance & une
fermeté héroique au milieu des plus grands dan-
gers, dans fa jeuneffe & au commencement de
fon regne, contre prefque toute l'Europe, qui
les lui difputoit.

LXXXI. Tout le refte n'eft qu'invectives
groffieres & declamations inutiles des Ecrivains
de la Cour de Berlin, lefquelles font des preuves
les moins equivoques de l'efprit de parti : je les
fupprime, perfuadé que l'on s'embarraffe
peu que je les rapporte. Ces fortes de difputes
font trop défagreables par leur nature, même dans
l'ufage des termes, qui ont rapport à cette Science

ence, la plus noble de toutes, & qui regardent
l'accompliſſement des Traités ou leur violation,
la juſtice ou l'injuſtice de la guerre, l'exécution
du droit naturel ou l'injure; en un mot ce qui
eſt juſte & injuſte, pour multiplier les crimes, &
ſe les reprocher reciproquement dans des Ecrits
pleins de fiel & d'amertume. Les Ecrivains de
la Cour de Vienne ont peut être auſſi paſſé les
bornes d'une juſte modération. Mais qui eſt ce
qui m'a établi juge de ce procès, pour que j'exa-
mine lequel de ces Ecrivains a commencé à écrire
de cette façon & à ſe ſervir de ces expreſſions tout-
à-fait indignes de la dignité des Princes? Les
Autrichiens ſont des ennemis trop équitables, pour
s'éloigner de la verité dans le tems même qu'on les
attaque, & pour refuſer au Roi de Pruſſe les louanges qu'il merite. On le regarderoit, avec raiſon,
comme un des plus habiles politiques & un des
plus grands Generaux de nôtre Siecle, ſi ſon ambition demeſurée & les mauvais conſeils de quelques
perſonnes inquietes & ennemies du repos public,
ne lui faiſoient quelquefois paſſer les bornes d'une
juſte moderation. Ce Prince, quoi qu'ennemi juré
de l'Impératrice Reine, rendra, avec tout l'Univers,
la même juſtice à cette Auguſte Princeſſe, qui releve par ſa probité & par une infinité de belles qualités, la dignité du Diadéme Impérial: ce qui a aſſuré la felicité, la Paix & la tranquilité publique.
Tant de vertus & de belles qualités reunies, lui ont
attiré la confiance de tous les Gens de bien & l'ont
fait admirer de ſes ennemis mêmes.

Numero

MEMOIRES
POUR SERVIR 'A
L'HISTOIRE
DE NOTRE TEMS,
OU L'ON DEDUIT HISTORIQUEMENT
LE DROIT ET LE FAIT
DE LA
GUERRE SANGLANTE,
QUI TROUBLE TOUTE L'EUROPE.

Numero Sixieme.
DEDUCTION HISTORIQUE DU DROIT ET DU FAIT DE LA GUERRE PRESENTE.

LXXXII.

Si toutes les raifons que la Cour de Berlin a alleguées pour faire tomber tout l'odieux de cette Guerre fur la Cour de Vienne font nulles, celles qu'on a produites contre la Cour de Dresde le font auffi, parceque la caufe de ces deux Cours eft la même, que le Roi de Pruffe leur a fait les mêmes reproches, & les a enveloppées dans la même Guerre. Les Saxons ont cependant quelque chofe de par-

F ti-

ticulier à reprocher au Roi de Pruſſe : Ce Prince
s'eſt amparé de leur Païs ſous l'apparence d'une
fauſſe amitié, dans le tems même qu'il demandoit à l'Electeur un paſſage innocent par ſes Etats,
& qu'il lui fut accordé, quoique ce fût contre un
Allié. L'Electeur fut lui même aſſiegé avec toutes ſes troupes, & forcé d'abandonner à la diſcre-
tion du Roi ſes Provinces, ſituées entre les Etats
de ce Prince & ceux de l'Impératrice Reine, dans
le tems même qu'il lui juroit encore une amitié
ſincere. Il refuſoit à la famille Royale la ſub-
ſiſtance néceſſaire, dans le tems qu'il promettoit
de lui rendre tous les honneurs dus à ſon rang
& à ſa dignité. Il enleva par force les Archives
de la Couronne, il s'empara des arſenaux & de
toutes les munitions de Guerre & des revenus
publics; il força les ſoldats & les ſujets de l'E-
lecteur à prendre les armes contre ce Prince leur
legitime Souverain. Je paſſe ſous ſilence une
infinité d'autres exactions qu'il fit ſous le nom
d'un dépot ſacré. Ce qui rend encore ſa conduite plus odieuſe, c'eſt qu'il fit aſſurer l'Electeur, quelques heures avant de faire ces actions,
qui terniront à jamais ſa gloire, qu'il vouloit
vivre en Paix avec lui, qu'il lui jura une amitié
eternelle, & qu'il lui promit de l'indemniſer.
Que penſer d'une telle conduite?

Le Voyageur qui a écrit à Dantzick la lettre
dont je vous ai parlé, appelle toutes ces choſes,
Ruſes de guerre, quoiqu'elles aient été faites
pen-

pendant qu'on négocioit en apparence, pour reſſerrer l'amitié qui étoit entre le Roi & l'Electeur. Qui peut approuver de telles *Ruſes de guerre* entre des Princes? Je ſais que tel a été le ſentiment de Platon & de quelques anciens Philoſophes: il y en a même parmi les modernes, qui ne rougiſſent point de dire, que St. Chriſoſtome a enſeigné, qu'il étoit permis à l'ennemi de tromper ſon ennemi par fraude, & qu'il importoit peu, qu'il vint àbout de le vaincre pour des ruſes ou par la force & le courage. Je ſais encore que cela étoit ſi commun chez les Grecs, que leur mauvaiſe foi eſt paſſée en proverbe. Les Romains commencerent a deteſter cet odieux ſiſtéme vers l'an 582 de la fondation de Rome. Auſſi ont-ils étendu les bornes de leur Empire dans preſque toutes les parries du monde connu. Mais ſe trouvera-t-il quelque miſerable Grec ou quelque barbare, qui puiſſe jamais ſe perſuader qu'il eſt permis, ſous une fauſſe apparence d'amitié & de Paix, de tromper des Princes, qui negocient & contractent de bonne foi des Alliances? Loin d'un ſi grand Prince les ruſes & les artifices des Grecs: s'il marchoit ſur leur traces, perſonne ne voudroit ſe fier à lui, ni traiter de la Paix avec lui. Sa puiſſance eſt ſi grande & ſes talents ſont ſi ſuperieurs, qu'il fait & peut defendre ſa cauſe d'une maniere différente de ces ruſes qui terniſſent ſa gloire.

LXXXIII. Si l'on me demande, comment
on peut concilier toutes ces chofes, il nous féra
bien plus facile de connoitre, combien ce Voyageur a de peine à fe tirer d'embarras, & combien
il repond mal aux objections qu'on lui fait, que
de chercher & de trouver une autre folution à
cette queftion.   Les plus grands avouent ingenument, qu'il ont perdu leur tems dans cette re-
cherche.   Les Saxons foutiennent que tous les
faits qu'ils avancent, font vrais, & ils y ajoutent cette foule de maux que le Roi de Pruffe
leur a fait fouffrir, tant dans le tems qu'il les a
eu pour alliés, que depuis qu'il les a regardés
comme ennemis.   Les Ecrivains de la Cour de
Berlin nient tous ces faits, & foutiennent qu'il
ne pouvoit rien arriver de plus heureux pour les
Saxons, que d'avoir leur Roi pour Maitre.

Je me fuis propofé de rapporter les caufes de
la guerre, non pas en tant qu'on la fait au detri-
ment des peuples : confiderée fous ce point de
vue, elle eft du reffort des Hiftoriens & non de
celui d'un Juris-Confulte.   Je fais que le Roi
de Pruffe crut, qu'il étoit de fon intérêt de faire
favoir à tout le monde, lorfqu'ils s'emparra par
force de la Saxe, que l'Impératrice Reine étoit
le Principal objet de fon expédition, que les
vexations qu'il fit en Saxe, *étoient une fuite des
circonftances des tems & de la raifon de guerre,*
& qu'appuyé fur ces raifons, il avoit refolu de fe
frayer un chemin dans la Saxe pour entrer en
Bo-

Bohême, fuivant en cela l'exemple d'Annibal, *lorfqu'il fe determina à faire la guerre aux Saguntins.* Comme il prévoyoit que les Romains leur donneroient des fecours, il conduifit d'abord fon armée fur les confins des Olcades, afin qu'il parut forcé de faire la guerre aux Saguntins, & qu'il vint plus facilement àbout de les vaincre, après avoir foumis les nations voifines & les avoir obligées de combattre fous fes drapeaux.

LXXXIV. C'eft pourquoi, au milieu d'un fi grand defordre, la Saxe accablée de nouveaux malheurs, ou pour parler plus correctement, des mêmes calamités quelle avoit foufertes dix ans auparavant, auroit inutilement accordé le paffage fur fon territoire à l'armée Pruffienne, qui alloit faire la guerre à un de fes alliés. Envain auroit elle offert fes Forterefles à l'armée du Roi, lui auroit fournis des vivres, des chariots & des chevaux pour le tranfport des Bagages & des équipages, lui auroit rappellé tous les Traités d'amitié & propofé de garder une exacte neutralité ; envain, disje, la Saxe auroit pris toutes ces précautions (He ! l'Electeur a fait toutes ces offres) puifqu'il *ne s'agiffoit pas de difcuter le droit & qu'on ne vouloit agir que par force, afin que par la fuite des circonftances, il parut entrainé malgré lui à joindre fes troupes a celles du Roi de Pruffe,*

F 3

LXXXV.

LXXXV. Les Saxons n'avoient d'autre moyen de se mettre à couvert de la tyrannie & des exécutions militaires, qu'en entrant dans les vues ambitieuses du Roi de Prusse, & en reunissant leurs forces à celles de ce Prince. Mais comment le Roi de Pologne pouvoit-il donner les mains à de tels projets, sans exposer visiblement ses sujets à une juste vengeance, sans se deshonnorer lui-même, sans perdre sa liberté & sans violer, par une perfidie manifeste, la fidelité des Traités les plus sacrés? *On ne doit pas regarder comme violateurs des Traités de Paix*, dit fort à propos Procope, *ceux qui accablés d'injures & de malheurs, sont forcés de se donner à d'autres.* Mais ceux qui veulent avoir pour Alliés ces mêmes peuples qu'ils ont accablés: (C'est dans cette situation que les Prussiens ont reduit le Roi de Pologne). *Ceux-la violent la Paix & se font ennemis de Dieu, qui envahissent les biens & les possessions des autres, & les forcent de prendre parti pour eux dans la guerre, & non pas ceux qui emportent avec eux leurs effects & vont chercher un lieu de refuge auprès des autres.*

LXXXVI. Le Roi de Prusse n'aiant donc eu aucun nouveau motif de faire la guerre à l'Impératrice Reine & à l'Electeur de Saxe, je crois avoir demontré avec toute l'évidence possible, que ce Prince est réellement de *droit* & de *fait* l'Aggresseur, puisqu'il s'est emparé de la

Saxe

Saxe & qu'il a fait une invasion en Bohême.
Il est certain qu'il a violé par ces actes d'hostilités, la Paix de Breslau & de Dresde à l'égard
des deux Impératrices & du Roi de Pologne,
comme Electeur de Saxe. Il a renoncé à l'a-
mitié de toutes les Puissances qui se sont rendues Garants de la Paix d'Aix-la Chapelle,
il a rompu les liens du Traité de Westphalie
& de la Paix publique, & il s'est declaré par-là
l'ennemi de la France, de la Suede & de l'Empire. Il ne paroit que trop par le troisieme
Conclusum arrêté au moi de Janvier dernier
à la Diette générale de l'Empire, après
avoir tout pesé murement, en conséquence
des Rescripts de S. M. l'Empéreur, il ne
paroit disje, que trop, que le Roi de
Prusse a violé les Loix & les Constitutions
de l'Empire, lesquelles assurent la Paix & la
tranquillité publique & conservent les droits
d'un chacun. C'est pourquoi il a été arrêté,
que chaque Etat fourniroit le triple du contingent ordinaire, afin de parer le coup fu-
neste que le Roi veut porter à tout le corps
Germanique.

Tels sont les fondemens solides sur lesquels porte la cause de l'Impératrice Reine,
& celle de ses Alliés & des Princes qui se
sont portés Garants de la Paix, & qui se sont
engagés à la faire observer par ceux même
qui voudroient la violer, & qui ont pris

F 4   de

de concert les armes pour se venger d'une injuste aggression. *Ceux qui commencent les hostilités, rompent la Paix, & non pas ceux qui repoussent la force par la force* *.

Je me flatte avoir démontré assez évidemment dequel côté est le bon droit. Il est impossible de s'assurer de la justice des guerres, amoins qu'on n'en connoisse les causes & les motifs.

* Thucydide. dan son Hist. liv. 1.

MEMOIRES
POUR SERVIR 'A
L'HISTOIRE
DE NOTRE TEMS,

Numero Septieme.

ETAT PASSE', PRESENT, ET FUTUR
DES FINANCES DE SAXE. *

On a suffisamment déduit, selon le Fait & le Droit, qui a tort : Il ne s'agit dans le Procès, dont 400000. hommes, bayonette au bout du fusil, tâchent inutilement, depuis la Convention de Closter-Séven, de percer le fond. Nous n'avons plus besoin de discuter, de quel coté est le Droit, dans une cause, que les armes doivent vuider. Tous les argumens de Grotius & de Puffendorf n'y valent pas le coup de carabine d'un Houzard noir. En convaincant le Roi de Prusse de s'être fait bouclier du Corps de son Voisin, on ne fait pas jour jusqu'à lui aux coups des Vengeurs du Roi Electeur de Saxe; & de stériles invectives ne dedomageront pas les Saxons de leurs pertes.

G

C'est

* V. Ephraïm.

C'eſt une autre eſpéce de pitié, qu'il eſt avantageux aux Saxons, d'inſpirer au Public ſur leur
ſort. La malice de leurs ennemis s'efforce d'en-
durcir tous les cœurs contr'elle, en accuſant le
Gouvernement Saxon d'avoir cauſé, par ſon
inconduite, les malheurs du Pays & de ſes
habitans. Combattre & détruire cette imputa-
tion, nous ſemble un acte d'équité, & l'objet
d'un zéle éclairé. Il n'y a point de pouvoir ſur
terre, qui doive priver l'oprimé de la conſola-
tion & du ſecours, que lui aſſure ſon innocence.

Quant à la conduite politique, les Accuſateurs
du Miniſtére de Saxe ſont depuis long tems réduits au ſilence. Les allarmes de Sa Majeſté
Pruſſienne les ont contredits ; & le Monarque,
en atribuant au Miniſtére Saxon la néceſſité, où
Sa Majeſté s'eſt miſe, de combattre pour ſon ex-
iſtence, a indiqué, que la Cour de Dreſde s'y
prenoit aſſés bien, pour l'abaiſſement néceſſaire
d'un Voiſin acharné à la ruine de ſon pays.

L'accuſation eſt plus vive & mieux accréditée,
ſur l'inconduite du Miniſtére Saxon, quant à
l'adminiſtration intérieure. Le Directoire Pruſ-
ſien, pour ſe diſculper de ſes extorſions & de
leurs ſuites, a imaginé de faire dire aux Saxons
le mot de Themiſtocles, *qu'ils periſſoient, s'ils
n'avoient pas péri.* Les Saxons n'avoient plus
rien, *diſent* LL. EE. quand les Armées Pruſſiennes
ont envahi leur pays. Les diſſipations de la
Cour de Dreſde, & la mauvaiſe Régie des Mi-
niſtres,

niftres, avoient épuifé les Coffres du Souverain,
& ceux de l'Etat. Puifqu'il leur falloit faire une
honteufe Banqueroute au milieu de la paix,
qu'importe la guerre, dont ils fe plaignent,
pour leurs Créanciers & leurs Correfpondans?
Un pretexte de plus ou de moins pour la faillite,
leur doit-il infpirer un fi vif intérêt? Enfin, que
perdent-ils, les Saxons, avec le Roi de Pruffe, eux
qui n'avoient plus rien à perdre ?

C'eft par de femblables difcours, que le
Directoire Pruffien de Torgau a effayé de
mettre l'Europe dans une froide indifférence fur
fes opérations en Saxe, & fur les gémiffemens
des Saxons. Comme fi l'Europe étoit intime-
ment convaincue, que toute autre adminiftration que la Pruffienne eft une diffipation; comme fi tout Etat, qui a des Dettes, étoit un Etat
mal gouverné; comme fi la richeffe d'un pays,
& le bonheur des peuples, étoient dans la plénitude des Coffres du Souverains; comme fi
l'Oeconomie d'une maifon Bourgeoife, étoit la
même que celle d'un Etat !

C'eft de l'explication de ces hipothèfes Pruf-
fiennes, que l'on croit avoir formé la juftification
du Miniftère de Saxe. L'on ne s'eft point propofé d'être fon Avocat. On laiffe au Lecteur
l'aplication particuliere des principes, qui reful-
tent de l'expofé; & la fatisfaction d'en conclure lui même, que la Saxe n'a point mérité
fon indigence préfente, & qu'il n'y aura rien à

perdre

perdre pour ceux qui l'aideront un jour à s'en
relever, pourvû que le Traité, qui la délivrera,
la mette à l'abri de pareille oppreſſion. Le beſoin,
où le Roi de Pruſſe eſt des tréſors amaſſés par le
Roi ſon pere, & par Sa Majeſté elle-même, fait
aplaudir à l'Oeconomie, qui les mit dans les
Coffres Royaux; & ſûrement ce Monarque feroit
la préſente guerre très malheureuſement, s'il
n'avoit pas theſauriſé. Mais il n'auroit point eû
cette préſente guerre à faire, s'il n'avoit pas
voulu théſauriſer; & quelqu'en ſoit l'événement,
ſes peuples ſeront toujours pauvres, s'il ne re-
nonce à l'Oeconomie, que ſon Directoire reproche aux Saxons de n'avoir pas adoptée.

Les Saxons doivent comprendre, qu'on ne les
preſſe de faire de nouveaux emprunts, qu'afin
de leur faire manger en herbe le blé, qui les
nouriroit, lorſque leurs terres leur auront été
rendues; c'eſt-à-dire, qu'après les avoir épui-
ſés, on veut leur enlever le crédit, qui les peut
relever un jour de leur ruine préſente. Il n'y a
plus d'argent dans le Pays; & les Saxons n'ont
plus rien, ni à vendre, ni à mettre en gage. Le
Général de Rezow & ſon Agent ont preſſuré les
Nobles, les Bourgeois, & les Payſans. Les
Collecteurs, ſuivis ou bien précédés d'Exécuteurs
Militaires, ne ſçauroient plus rien ſaiſir, ni dans
les Villes, ni dans les Campagnes. Quand ils
auront pillé une douzaine de Chateaux, qui ont
encore les meubles qu'on n'a pas jugé dignes
d'être

d'être mis à l'encan, tout fera fini pour eux.
Enfin le Directoire de Torgau vient de terminer
dignement fes opérations, par l'expédition d'un
brevet de retenue, de feize mille Ecus par jour
fur le travail Journalier de tous les Saxons, auxquels il abandonnera la Régie de leurs finances.
Que l'on imagine, quelles font maintenant en
Saxe les Finances, dont la Régie vaille fix à fept
millions d'écus de prefent annuel. Que l'on
devine, dans quelles bourfes le Noble & le
Roturier Saxons puferont tous les jours la
nourriture de leurs femmes & de leurs enfans,
avec la leur propre, & en outre Seize mille Ecus
pour l'Armée Pruffienne, qu'il leur faut en fus
nourrir gratis. Il eft vrai, que toutes les
Obligations font réparties indiftinctement entre
le Noble, le Bourgeois, & le Payfan; & que le
Souverain lui-même, avec tous fes biens, eft
compris dans cette Capitation. Mais n'oublions
pas, que les Palais, les Harras, & les Magazins
du Souverain, ont été pillés, ou autant vaut;
que les Chateaux des Nobles ont été fouillés;
que dans les Villes & dans les Campagnes, les
maifons n'ont plus que leurs parois; qu'ainfi,
le Souverain étant fugitif, les Nobles, les Bourgeois & les Payfans n'auront plus, que ce qu'ils
arracheront du fein de la Terre, en le cultivant;
& que leurs livraifons étant faites à l'Armée Pruffienne, ils n'auront point d'autres acheteurs, de
ce qui leur reftera, qu'eux mêmes, qui n'ont
pas le fou. L'Etat & le Souverain, à qui on n'a

G 3
laiffé

laiffé rien, ne payent plus ni penfions, ni gages, ni appointemens. La Cour de Drefde, qui n'exifte plus en Saxe, n'a plus d'Officiers. Les Tribunaux, qui ont été caffés, ou réduits, demandent gratuit le fervice de leurs Magiftrats. Les Hopitaux, les Fondations pieufes, les Colleges, les Edifices publics, les Grand-chemins, ont perdu leurs fonds. Il n'y a plus de caiffe Militaire; & on ignore, fi les fonctions civiles, interdites aux Officiers Prifonniers, ne comprennent pas le travail manuel. Enfin les Adminiftrateurs des Domaines, réduits à la même indigence, que leurs Payfans, font dans leurs Bailliages comme des fimples Fermiers nouvellement mis en ménage; tout leur bien confifte dans les inftrumens de l'Agriculture.

Le Roi de Pruffe avoit déja avoué la pluspart de ces opérations, lorfqu'on annonça à toute l'Europe fes vuës, dans la faifie de toutes les caiffes & de tous les revenus de la Saxe. Sa Majefté, *infinuoit la déclaration*, demande d'être laiffée maitreffe en Saxe, feulement cinq à fix ans; & elle fe fait fort d'acquiter toutes les dettes des peuples & du Souverain. Qui n'auroit pris à la lettre cette brillante promeffe? Qui ôferoit croire, que le Monarque le plus celebré par les peuples de l'Univers, ne fe fût promis l'honneur fingulier & nouveau, de faire éprouver à un Etat ennemi du fien, l'excellence des principes de l'adminiftration Pruffienne; & de montrer à toute l'Europe, que fon Père & Lui,

de-

devoient être les modèles de tous les Souverains, au moins quant à la Régie des Finances? Nombre de traits, qui ont marqué la Façon de penser de ce grand Roi, induisoient en erreur. Je n'en veux qu'un seul, pour convaincre. Il y a quelques années, qu'un de ces fiers Anglois, qu'on apelle en Angleterre, *Oldè Britons*, ayant poussé ses Voyages jusqu'à Berlin, eut l'honneur de saluer Sa Majesté, qui daigna s'entretenir avec lui un instant. Le Monarque, que le goût & l'habitude ont prévenu en faveur du Despotisme, au point de ne trouver bonne aucune autre forme de Gouvernement, blama les loix Britanniques, qui autorisent les sujets à luter contre leur Souverain. L'Anglois tacha de justifier la constitution de son Pays.

Oh! *reprit Sa Majesté, en l'interrompant*, si j'étois Roi d'Angleterre seulement pendant un an, je . . . Mais, Sire, *interrompit hardiment l'Anglois*, avec vos principes, vous ne resteriés pas Roi d'Angleterre seulement un jour. La réponse de l'Anglois est bonne; mais elle fait assurément moins d'impression que celle du Monarque, qui témoigne si bien sa prévention pour ses principes, & le sentiment intime de sa supériorité, quant à leur aplication.

Les Faits ont démontré, si l'on a eu raison de croire, que le Roi se proposoit généreusement, la réforme de la Saxe & l'instruction des Saxons, pour le principal objet de son invasion; on sait à présent, si son amour pour ses nouveaux protégés

l'a

l'a porté à commencer au plutôt ce grand ouvrage, fans attendre, que le Roi Electeur, lui
faifant enforme la ceffion de fon pays, l'eût inf-
titué juridiquement fon Curateur. On a vu déja, comment les Penfions, à la charge de l'Etat &
du Souverain, font fuprimées, les Offices de la
Cour anéantis, les Tribunaux caffés, ou réduits,
les Emplois du Gouvernement, raprochés les
uns des autres, & raffemblés fur un petit nombre d'Officiers; l'argent des gages & des penfions, retenu dans les caiffes, celui des fondations de toute efpéce, ne vont plus à ces defti-
nations; comment on laiffe vivre, comme ils peuvent, les Officiers & les Soldats Prifonniers; que
la Maifon du Prince, mife fur le pié Bourgeois,
à un florin ou un Ecu journellement par tête;
qu'aulieu de deux cens Adminiftrateurs des Domaines, dix ou douze Régiffeurs Pruffiens re-
cueillent fidélement, & aporteroient directement à la grande caiffe, les Revenues de la
Saxe; bref on a vu, comment après toute cette
réforme, & les contributions d'hommes, de
vivres, de bois, de Chevaux, & d'Argent, Sa
Majefté Pruffienne a la bonté de ne lever, que les
deniers perçus en tems de paix par le Souverain
& l'Etat . . . . .

Il a été divulgué, que les intentions du Depofitaire étoient, d'acquitter en peu de tems les Dettes du Steuer. En effet, en fupofant de huit
millions d'Ecus les revenus de l'Etat & du Souverain en Saxe, & cette fomme toujours renaiffante,

à me-

à mesure qu'elle seroit enlevée de l'Electorat,
un homme fidéle & exact, s'engagera d'acquiter
les Saxons envers leurs Créanciers, dans le terme
de quatre ans.   Mais après avoir tiré une quit-
tance générale, que fera la Saxe? On admet l'ab-
surde hipothéſe de la renaiſſance annuelle de huît
millions d'Ecus, qui remplacent à la ſeconde, à
la troiſième, & à la quatrieme année, ceux qui
auront été dérobés à la circulation.   Mais ce
ſeroit une folie de ſupoſer cette réproduction
ſans fin.   Il n'y a pas un Juif au monde, qui
voulût affermer un million de Florins, le produit des Mines, & des Fabriques de porcelaines
de Saxe, qui ſont les uniques fruits du terroir,
ou indépendans de l'Etranger, & d'une valeur
intrinſèque, ou francs des contributions militaires. Que ſignifie donc autre choſe l'opération
projettée, ſinon l'éruption entiére du mal, qu'on
voudroit guérir? Mettons une Compagnie de
commerce, dont le trafic a roulé long - tems ſur
le crédit de la Société, & qui en eſt à ne plus
avoir de comptant, que ce qu'il lui en faut, pour
la circulation & les payemens abſolument néceſſaires.   Un Ami des Aſſociés, épouvanté de
la quantité de leurs dettes, prend ſur ſoi de les
en libérer.   Pour cet effet, il conſacre aux
rembourſemens tout leur argent comptant; il
congedie tous les artiſans, qui tiroient journellement de la caiſſe; il fait vendre à l'encan tous
les fonds des magazins, & même les métiers des
Fabriques; & de tout cet argent il ſolde avec les

G ſ   Créan-

Créanciers. Quel eſt le reſultat de ſes ſoins of-
ficieux? La Compagnie ne doit plus a perſonne,
mais auſſi elle n'a plus rien. N'auroit-elle pas
pu en venir là, quand elle auroit voulu? La
ceſſion eſt une voye ouverte à tout homme obe-
ré. Une entière indigence le délivre, quand
il veut, des inquiétudes, & des ſoins, qu'exi-
geoit la conſervation de ſon crédit.

Pour aplaudir aux opérations propoſées à Sa
Majeſté, il faudroit de trois choſes une. 1. Que
le Roi s'intéreſſât plus pour les Créanciers de la
Saxe, que pour la Saxe elle même. 2. Que
Sa Majeſté Pruſſienne fût tout à fait indifférente,
ſur celle-ci comme ſur ceux-là. 3. Que ce
Monarque fût en erreur ſur l'eſpéce d'Oeconomie, qu'on appelle l'Oeconomie de l'Etat. Il
n'y a aucune vraiſemblance au premier. Car les
Sujets de Sa Majeſté ayant tirés, par ſes ſoins
paternels, leur épingle du jeu, leur agiotage
étant fini, & les fonds du *Steuer* ne leur devant
plus rien: que ſont au Monarque les Particuliers
de Saxe, de Suiſſe, & de Hollande, les ſeuls
Intéreſſés dans la Banque? Depuis que Sa Majeſté
Pruſſienne a pris en ſa main tous les deniers de
la Saxe, a-t'elle acquité une ſeule Cédule du
Steuer? A-t'elle payé le moindre intérêt aux
Capitaliſtes? Non, l'argent trouvé dans les caiſſes de la Banque eſt paſſé, comme celui des
autres caiſſes, dans les coffres Pruſſiens; & les
Saxons ont été renvoyés, ainſi que leurs Créanciers, au grand jour de la reſtitution générale.

Le

Le second cas ne sçauroit entrer dans l'esprit d'aucun homme raisonnable, après que Sa Majesté Prussienne a protesté, à la face de toute l'Europe, qu'elle n'étoit en Saxe, que pour relever les Saxons des fautes d'une administration malheureuse, & pour en faire cesser les influences sur les Créanciers de la Banque du *Steuer*. Reste donc le troisième, sur lequel le respect ordonne le silence . . . . . Tournons le feuillet.

Le *Frideric avec Paraphe* a établi un frauduleux enchérisseur, pour se faire adjuger à vil prix les riches magazins de Dresde & de Meissen, & pour les revendre en détail, à 200. pour 100. de profit. Le *Frideric avec Paraphe* a autorisé un juif dans la lucrative aprétiation des effets, dont la vente a du completer les contributions de Leipzig. Le *Frideric avec Paraphe* l'a institué faux Monnoyeur public, pour glaner en Saxe, par une dernière opération, l'or & l'argent échapés à toutes les autres. Pour se disculper, on accuse le Monnoyeur de Magdebourg, dont, dit-on, les Espéces de mauvais aloi ont tant fait crier. On lui impute d'avoir mis lui-même sous des Coins pareils à ceux de Leipzig, les Espèces ci-devant frapées au sien, (car on balayoit si bien la Saxe, qu'il n'auroit pu avoir des Espéces Saxonnes; & il n'étoit pas assez riche pour s'en procurer d'Etrangères.) Puis, afin de se disculper sur la rareté de ses Espéces, il a accusé, ajoute-t-on, le Monnoyeur de Leipzig, mais le Magdebourgeois savoit bien qu'on nieroit pas

d'en

d'en avoir jetté en refonte tout autant qu'il s'en pouvoit trouver, acheter fes Efpéces leur valeur courante, dans l'intention de les remettre en fonte. Au contraire, Sa Majefté a-t'elle jamais penfé, que fon Monnoyeur de Leipzig lui payeroit cinquante mille florins par mois, pour le Louage des Coins de Saxe, fans les employer? Sa Majefté en paffant le Bail, ne l'a-t'elle pas autorifé à prendre les matières où il pourroit, pour les mettre au titre qu'Elle prefcrivoit? Et fi le Monarque autorifoit à refondre les Efpéces de Saxe, qui font avec celles de Brunfwik, les plus fortes de l'Empire, auroit-il interdit la monnoye de Brandebourg, qui n'a que celle de Liége & de Würtemberg au-deffous d'elle? Le gain étoit marqué quant à fon objet; & comme on avoit fixé la rétribution qu'il en falloit donner, on avoit laiffé à l'induftrie du Monnoyeur le foin de ne pas fouffrir, que la redevance excédat le produit. Que l'on confidére, combien il faut frapper de Gros, & de Huit Gros, dans un jour, à trois quarts de *Creutzer* de gain fur chaque Gros, pour avoir de revenant bon 1800. florins pour la Ferme, & autant pour le moins, pour les frais, & le bénéfice de l'Entreprenneur.

Sans parler dela fauffe Monnoye, Sa Majefté Pruffienne en a affez fait contre le Souverain & les Peuples de la Saxe, pour qu'on ne doute pas qu'Elle ne foit leur ennemi juré. Tout artifice, tendant à mafquer leur oppreffion, eft donc inutile. N'en foupçonnons aucun de cette efpéce,

dans

dans la générosité tardive avec laquelle ce Monarque remet adjourd'hui aux Saxons la Régie & l'Oeconomie des biens de l'Etat & du Souverain. Avant les opérations du Général R. . . . & de son collegue, on l'auroit pu atribuer à douceur envers les Sujets, à égards pour le Souverain, à un mouvement d'équité , par raport à un Etat envahi par raison de convenance, & sans déclaration de Guerre. Au milieu des opérations, on lui auroit donné pour cause la crainte des François, des Autrichiens, des Suedois, & des Moscovites, & l'espérance de les raprocher d'un accommodement. Après que le Général R. . . . & son Collegue ont épuisé leur industrie pour la ruine du pays & de ses habitans, les bons serviteurs du Roi ne voyent, dans cette subite révolution, qu'une honteuse palinodie; les ennemis de Sa Majesté n'y veulent voir qu'une barbarie insultante ; & le Public neutre a peine à n'y trouver qu'une imprudente & insatiable avidité. On comprend bien que depuis le mois de Novembre Frideric, dont la célérité égale celle de Jules Cesar , a eu bien d'autres affaires à rouler dans sa tête , que celles des pauvres Saxons. Certainement il n'a point dirigé son Directoire; & malgré l'exactitude dont Sa Majesté se pique, il faut croire pour sa gloire, que sa confiance en ses Ministres l'a portée à leur donner, quant à la Saxe, carte blanche avec son blanc signé. Or donc, ces Messieurs étant au bout de leur Latin, pour tirer de l'argent des Saxons, & le Monnoyeur

eur de Leipzig ne voulant plus échanger le sien
contre les meubles & les autres effets, qui font
tout ce que peuvent maintenant arracher les exécutions militaires, ils se font imaginé, qu'ainsi
que le nom de la Liberté fait porter aux Hollandois, des impôts, que la plus ingénieuse tiran-
nié essayeroit envain de tirer d'eux, l'ombre de
l'indépendance & de l'ancienne forme d'administration, ranimeroit les courages abattus des
Saxons, & les feroit se tirer eux-mêmes le peu
de fang qui leur refte dans les veines, pour con-
jurer les derniers excés, dont ils ont déja été
menacés, & dont ils sçavent, que l'exécution ne
coutera pas plus que la menace à leur Ennemi.

Il y a quelque chose de spécieux dans leur raifonnement. Mais qu'on nous dife, fi ce feront d'habiles gens, qui compteront trouver de l'argent,
après tout ce qui s'est passé, dans un pays où l'on a
enlevé de gré ou de force tout ce qu'il y en avoit.
Cette *donnée* étant une fois bien reconnue, on
fent combien Messieurs du Directoire Prussien
ont donné raison aux bons serviteurs du Roi, à
ses ennemis, & au Public neutre? Que devient,
disent les premiers, cette montre d'assurance sur
le rétablissement des Finances de Saxe sous l'administration Prussienne? Si l'ancienne administration Saxonne étoit vicieuse, pourquoi la remettre sur pié? Si elle étoit bonne, pourquoi
l'avoir anéantie avec tant d'indignation? Auriez
vous méconnu sa bonté, Messieurs les Ministres
de Prusse? Mais si vous pouvez tomber dans de
fem-

femblables erreurs, & y perfifter fi longtems avec fi peu de Syndérèfe, quel compte peut-on faire fur ce que vous dites jufte, honnête, utile? Si l'adminiftration Saxonne étoit mauvaife, voyez quelle atteinte fon rétabliffement porte à la gloire de votre Augufte Maitre. . . Vous le faites donc rendre aux Saxons des armes contr'eux mémes; & dans un temps où l'humanité exige que vous épargniés à ce malheureux pays les maux, qu'il ne vous eft pas profitable de lui faire, vous le livrez à des Diffipateurs! Ne vous y trompez pas, perfonne ne vous prend pour des Curateurs defintéreffés, qui remettent en meilleur état à leur pupile, un bien qu'ils avoient réçu délabré. Euffiez-vous redreffé mille abus dans la Saxe, vous pafferez toujours pour fes deftructeurs; & ce qu'elle fouffrira de la mauvaife adminiftration à laquelle vous la rendez vous fera imputé. Mais voudrez-vous plutôt avoüer, que l'ancienne adminiftration étoit la meilleure, & que vous ne l'avez reconnuë qu'à la pratique? Alors vous devez un dédomagement au pays, pour les détériorations caufées par votre Régie, qui a bouleverfé l'ancienne. Vous devez réparation d'honneur, & fatisfaction, à tant d'honnêtes gens, dont les Charges ont été fondues, & les apointemens engloutis dans votre Directoire, & que vous avez tâché de rendre odieux à leurs compatriotes, en les donnant pour la caufe de l'épuifement du pays. La nouvelle Capitulation que vous offrez aux Etats de Saxe, vous montre
bien

bien éloignés d'entrer dans ces confidérations.
Vous voulez que les Livraifons d'hommes, de
vivres, de bois & de fourages, que les Corvées
& les Contributions, fubfiftent telles jufqu'à
préfent. Vous voulez que vos Officiers & vos
Soldats aïent leurs *Douceurs*, que Leipzig faffe
de nouveaux prêts à perpetuité, que les Marchands Brandebourgeois, à la fuite des Armées,
continuent de jouir de toutes les franchifes, &
de ne payer pour leurs perfonnes, leurs marchandifes, & leurs voitures, ni Peages, ni Douane,
ni Accife; & vous demandez aux Etats 540.
mille écus par mois, ce qui fait fix millions &
demi d'écus par an. . . . A ces conditions
vous renvoierez aux anciens adminiftrateurs des
Finances de Saxe, tous les Penfionnaires & Ga-
giftes de l'Etat, tous les Directeurs des Hopitaux, tous les Voyers de l'Electorat, tous les
Créanciers de la Banque du *Steuer*, aprouvant
d'avance, & ratifiant, tous les payemens qu'ils
feront, tant des arrerages, & des intérets, que
des Capitaux ! . . Oui, les ennemis de Sa
Majefté font fondés à dire, que vous infultez
barbarement à l'indigence à laquelle vous avez
reduit les malheureux Saxons ; & le public im-
partial vous fait grace, de croire que vous n'en
voulez qu'à la ruine de la Saxe. N'eft-ce pas
une barbarie horrible, de . . . . . .

Numero

MEMOIRES
POUR SERVIR 'A
L'HISTOIRE
DE NOTRE TEMS,

Numero Huitieme.

ETAT PASSE', PRESENT, ET FUTUR DES FINANCES DE SAXE.

Je m'aperçois que je prens le ton Tragique, qui ne me convient nullement. L'imagination s'échauffe naturellement sur un cas pareil. Je reviens aux faits.

Messieurs du Directoire ont été desorientés, par le refus que les Etats de Saxe ont fait, de se charger de l'administration, aux conditions imposées. Le Général B . . opina à punir tous les Membres de ce corps, & le corps entier, de la Bastonnade, & de la Brouette; car un Officier Prussien n'a pas pour les Etats de Saxe assemblés, la moindre partie des égards d'un Roi de France pour un de ses Parlements. Il ne reçoit ni Remontrances, ni Memoires : c'est par Placets, par Requêtes, par Supliques, que les Représentans d'un peuple entier doivent faire parvenir jusqu'à lui leurs très humbles priéres. Un Roi de France daigne aller lui même signifier ses vo-

lontés

lontés à fon Parlement; & un Officier Pruffien
fait venir dans fon antichambre Meffieurs des
Etats de Saxe. Quoique le mépris foit tout ce
qu'il y a de plus fenfible pour des gens oppri-
més, cependant les infortunés Saxons tremblans
de voir le fer & le feu faire de leur pays un vafte
defert, femblent s'être endurcis contre le fafte
Pruffien. Ils ont humblement répondu au Général B . . . & à fes Adjoints, par un, *nous
ne pouvons pas.* L'embarras a été grand dans le
Directoire. Sa Majefté Pruffienne, qui, malgré tout ce qu'on lui fait dire de l'ancienne Régie
Saxonne, avoit une grande idée des richeffes de
la Saxe, n'a prétendu faire aux Saxons, pendant
cette premiere année, qu'une faignée copieufe,
dont l'effet fut feulement de leur ôter leur em-
bonpoint, & de les rendre à la faine maigreur
de fes propres fujets. Elle a compté qu'il en
feroit de la Saxe comme de la Silefie, où les
premiéres années de fa conquête, en enlevant
des fucs depuis longtemps en ftagnation, n'ont
fait que diftribuer également à toutes les parties
du Corps politique la foupleffe, qui étoit con-
finée à fes extrémités. Elle a vu avec fatisfaction,
& même avec étonnement, ce que lui rendoit
cette faignée. Mais bien éloignée de croire
qu'elle eût apauvri & décompofé la maffe, Elle
calcula, fur la fupofition de l'intégrité de cette
derniére, les évacuations périodiques qu'un bon
régime devoit la mettre en état de fuporter; &
ce qu'il y a de plus fâcheux, c'eft que Sa Majefté
s'efti-

s'estimant sûre de son calcul, s'arrangea en conséquence. Que l'on juge, quelle a été la surprise & la colére du Monarque, quand Leurs
Excellences du Directoire, desespérant de forcer
les Etats de Saxe à accepter leur Capitulation,
lui ont annoncé, que la Saxe étoit un corps ex-
ténué, épuisé, qui loin d'avoir du superflu,
demandoit de puissans confortatifs pour se soutenir en langueur. Ces sommes immenses, que
le génie du Général R . . . & de son Collegue,
ont fait entrer dans les caisses prussiennes, ont
été absorbées par les dépenses de la guerre; &
n'existant plus, elles sont pour Sa Majesté comme si elles n'avoient jamais existé. Le Prince
n'en a pas même voulu entendre l'Addition.
Il a reproché à Leurs Excellences, de n'avoir
pas suivi ses intentions; & tout de suite passant
en revüe les opérations du Général R . . . il a
témoigné qu'il soupçonnoit, qu'on avoit été plus
loin qu'il ne l'avoit prétendu; & que par le
modus procedendi on avoit tout gâté. Leurs
Excellences ont fait des courbettes, des protesta-
tions, & des excuses; & Elles ont pris congé,
en promettant au Monarque de faire d'exactes
informations.

Je me represente le compte que ces Messieurs
rendent à leur Auguste Maitre, il me semble les
entendres s'éxcuser aux depens de leur Agent.
Tout seroit en Saxe comme Votre Majesté l'a
souhaité, *on dit Leurs Excellences au Monarque*,
si le commerce n'y étoit pas entiérement ruiné; &

c'est

c'est le fruit des opérations monétaires d'Ephraïm.
L'avidité du gain l'a jetté dans des excès affreux.
Il a corrompu & décrié tous les instrumens du
commerce de la Saxe. Le Marchand Saxon est
réduit, par l'altération de ses Espéces, à acheter
les marchandises de l'Etranger, à 20. & 25.
pour cent plus cher, qu'il ne les peut vendre
dans le pays ; & il aime mieux abandonner ses
magazins aux exécutions militaires. Ce malheureux faux monnoyer a ôsé, Sire, étendre
jusques dans vos Etats héréditaires l'exercice de
la charge dont V. M. ne l'a honoré que pour la
Saxe. Qui vient implorer votre justice en faveur de vos sujets naturels . . . . . .

On comprend assez combien l'éloquence de
ces Messieurs se donna carriére aux dépens de
leur Agent. Le monnoyeur Magdebourgeois
fut appellé ; & ce rusé compére produisit un
compte, par sous & par deniers, dont l'exactitude minutieuse l'auroit fait paroître un grand
homme aux yeux du feu Roi. Mais son auguste
fils ne se laisse pas prendre à ces petites finesses.
Sa Majesté voulut entendre son juif Ephraïm.
Il plaida papiers sur table. Suivant la parole du
Général R . . . Le *Frederic avec Paraphe* fut
sa sauvegarde. Il eut la hardiesse de montrer
qu'il voioit de plus loin que Leurs Excellences ;
& qu'avant que de mettre la main à l'œuvre, il
avoit deviné la récompense qu'on donneroit à
l'ouvrier. Croira-t-on qu'au sortir de cette
audience, ces Messieurs le félicitérent de son
                                        succès,

fuccès, n'ayant jamais douté, *dirent ils*, qu'il n'eût agi en bon & fidéle ferviteur du Roi ? Mais ce qui doit furprendre, c'eft qu'ils l'ont cru mieux inftruit qu'eux en matiére de finances ; & qu'ils ont pris leçon de ce juif fur celles de Saxe.

Paffons à quelques queftions qu'il eft bon d'éclaircir : 1. Pourquoi les Saxons ont ils tant crié, depuis dix à douze ans, contre les fujets de Pruffe, qui acquéroient les contracts de la Banque du *Steuer* ? S'ils étoient débiteurs de bonne foi, ils feroient indiferens fur la perfonne des poffeffeurs de leurs Obligations. 2. Quelle eft la Banque du *Steuer*, quelle a été fa crife, quelles font fes reffources ? Et l'on veut que fon difcrédit vienne d'un vice radical de fa conftitution. 3. D'où nait l'avenglement du Miniftére de Saxe, qui depuis quarante à cinquante ans qu'il voit la Maifon de Brandebourg croître en richeffe & en puiffance, n'a pas adopté l'œconomie Pruffienne, le principal inftrument de la grandeur des deux Rois de Pruffe.

Ces trois Queftions naiffent naturellement l'une de l'autre, & j'y compte fatisfaire dans le même ordre.

Lorfqu'on impute à mauvaife foi l'inquiétude des Saxons, fur la perfonne de leurs Créanciers, on fait voir que l'on n'a pas obfervé la diférence qui eft entre les *Banques Rentiéres*, & les *Banques Dépofitaires*. Les derniéres (telle eft celle d'Amfterdam) ne font autre chofe qu'un Coffre de communauté, où tous les Communiers ont droit

H 3   de

de tenir chacun leur argent, fous le Bordereau particulier, que le Garde-coffre en délivre à chaque *dépositeur*. Chaque Communier, eu mettant fon argent dans le coffre commun, fe réferve la faculté de l'en tirer en tout, ou en partie, quand & comme bon lui femblera. Ce Coffre entretenu aux dépens des Communiers, qui en font ufage, garde toujours, ou eft cenfé toujours garder, les depôts en nature; & il eft toujours prêt à les repréfenter fur la premiére réquifition. Il n'importe point à fon bien être, qu'il s'ouvre pour Pierre, & pour Jacques eux mêmes, qui veulent retirer leur argent, ou pour un Etranger à qui ils auront remis leur bordereau. Tout l'argent qu'il contient eft un fond mort, qu'il lui eft indiférent de ne plus avoir, puifqu'il ceffe d'en répondre, dès qu'il ne l'a plus. S'il exifte quelque interêt de ce côté, c'eft relativement au Garde-coffre, à qui il eft avantageux que les Etrangers achetent les billets des Communiers, parceque la nouvelle fomme, que le Communier vendeur raporte au depot, ajoute une nouvelle portion au contingent ftipulé pour l'entretien du Coffre. Car l'Etranger n'achete point le billet pour le réalifer. Il ne cherche point l'ufure, mais feulement la fureté de fes fonds; & il paye au Communier le droit qu'il acquert au Coffre fous fon nom. La Banque Dépofitaire eft donc indiférente fur la perfonne de fes Cédulaires, & fur le temps de la Réalifation de fes Cédules.

Les

Les Banques rentiéres font d'une toute autre nature. Imaginées pour fubvenir à des befoins urgens de l'Etat ou du Souverain, elles ont emprunté, pour un ufage préfent, les fommes qu'elles reçurent. Leurs Billets furent des Contrats, deftinés à affurer au Préteur fon droit de proprieté, & à l'Emprunteur fon droit de fubftitué, fur la fomme dont ces Billets portent reconnoiffance. Ces Billets contiennent l'indication de l'Hipotéque pour la fureté des Capitaux, & la convention de la rente pour les intérets. Ces Banques (tels font les Hotels de Ville de Paris, & de Lyon, la Banque de Turin, & en partie celle d'Angleterre &c. &c. &c.) Ces Banques fe promirent de fubfifter à la faveur de la confiance de leurs Créanciers en leur bonne foi. Ainfi qu'elles efpérèrent fe conferver par la préference que leur Cédulaires donneroient à la rénovation de la cédule fur fon rembourfement; elles s'attendirent à crouler, fi les Cédulaires fe donnoient, pour ainfi dire, le mot, pour redemander leurs Capitaux, à l'échéance du terme. Car ces Capitaux ayant été divertis, auffitôt qu'ils furent perçûs, ils ne peuvent être rapellés & remis enfemble, qu'à la longue. C'eft en conféquence de ces principes fondamentaux d'une Banque rentiére qu'un Etat, qui n'a point de crédit, ou qui a perdu celui qu'il avoit, eft privé de la prompte reffource d'un pareil établiffement. Le Siftême de Law en France, ne vouloit élever qu'une Banque Dépofitaire; & en croulant il n'a

décrié

décrié qu'elle. Les Tontines, & les Lotteries Royales, apartiennent autant que les Hotels de Paris & de Lyon, à la Banque Rentiére; & une infidelité faite à leurs Cédulaires, couperoit peut-être pour toujours, à l'Etat & au Roi ces admirables secours. Tout l'art & tout le crédit d'un Colbert, ont eu peine à raffermir les Hotels de ville, ébranlés par les Edits de supreffion des rentes. L'espéce de Banqueroute de l'Empereur Joseph, a réduit son Succeffeur à ne trouver des Créanciers, que fur bonnes & fûres Hipotéques. Il eft certain qu'au milieu de tous leurs malheurs, les Saxons n'ont rien de plus douloureux, que le danger où les met le Roi de Pruffe, de faire une entiére faillite. On peut voir ces principes de la Banque Rentiére dans les procédés de l'établiffement de la *Steuer*. Les inftituteurs ne pourvûrent qu'à l'affignation d'un fond fufifant pour le payement de la rente annuelle. S'ils formérent enfuite des fonds d'amortiffement, ce ne fut qu'à mefure que l'Etat, ou le Souverain, fe reléva de l'épuifement qui l'avoit obligé aux emprunts. Par ce double procédé, le Créancier fut averti, que la Banque lui avoit demandé, pour longues années, la tenue de fon Capital, & qu'elle ne lui en promettoit pofitivement que l'intérêt, ou l'ufufruit annuel.

D'après cette idée jufte de la Banque du *Steuer*, on peut dire, qu'il auroit été avantageux aux Saxons de paffer leurs cédules primitives avec des Etrangers; parce que les fonds qui feroient venus

nus du dehors à l'Etat, pour ses besoins présens, auroient permis au Souverain de garder, pour une seconde ressource, l'argent de ses Sujets. Mais on doit en même temps reconnoître, combien il leur étoit ruineux, que les Etrangers achetassent leurs cédules *de la seconde main*, avec l'intention d'en demander au plutôt le Capital, & avec le pouvoir, que le voisinage leur donnoit, de vexer pour le remboursement. En général, la richesse d'un Etat gouverné par les loix, consiste dans l'opulence des Particuliers. Mais dans des opérations de commerce, où l'Etat aura été obligé d'entrer, la relation des Particuliers avec l'Etat cesse, à l'instant que leur confiance s'altére. La moindre aparence de risque resserre leurs bourses; & il est de fait que, l'Etat dut-il en périr, ils se tirent de la communauté où ils étoient entrés avec lui. Or la vente des billets, faite *de seconde main* à l'Etranger, est par elle-même un premier cri d'allarme. Les Particuliers se disent les uns aux autres, que *Tel* & *Tel* d'entr'eux, qui connoissent bien l'état de la Banque, ont vendu leurs cédules, & ils croyent que ce sont des hommes prudens, qui leur recommandent d'exemple de se defier de leur Débiteur. Qu'en se rappelle, qu'un *Monsieur André*, un *Mr. le Blanc*, & trois à quatre fameux Agioteurs en chef, régloient plusieurs jours à l'avance les Edits du Duc Regent, & les mouvemens convulsifs de la Banque de *Law*, & on comprendra combien les Agens Prussiens à Leipzig se don-

H 5 noient

noient d'influence fur la Banque du *Steuer*. La Banque Rentiére la plus folide s'inquiéte d'un nombre de Créanciers Etrangers, peut être rigoureux fur le rembourfement. Elle cherche de nouveaux fonds, afin de fe tenir préte à tout événement, & d'être en état de faire face à fes engagemens, en réalifant les billets qui lui feront préfentés. Elle a peine à trouver ces nouveaux fonds ; c'eft un fignal auquel chacun lui redemande les anciens, qu'elle eft dans l'impuiffance de repréfenter. Les fommes que l'etranger acheteur hazarde, n'exiftent point pour elle ; outre qu'elles font inférieures à celles que le Billet énonce, elles vont s'enfévelir dans les bourfes des particuliers. De jour en jour le difcrédit augmente: l'Obligation fe vend pour un Tiers moins que fa valeur. Voilà la Banque chargée d'une reftitution qui excéde d'autant la rentrée des Efpéces dans le pays. L'Etat lui même ne peut lui rendre fes fonds; avec toute la bonne foi imaginable, avec toute la folvabilité qu'elle eut avant ces frauduleufes ventes, il lui faut déclarer une faillite.

Sur ce pied, dira-t-on, les Saxons inftituteurs de la Banque, ont commis de deux fautes l'une. Ils devoient l'ouvrir uniquement aux Etrangers; ou bien ils ne devoient point fixer de terme pour le rembourfement des Capitaux. On ne peut pas tout-a-fait nier la premiére partie de l'alternative. Cependant outre qu'un aveu fur le paffé n'eft pas un remede au mal prefent, il faut faire atten-

attention aux temps & aux circonstances. Lors de l'Etablissement de la Banque du *Steuer*, l'Europe entiére étoit en armes; & chaque Prince offroit à ses Sujets un intérêt exorbitant, de l'argent qu'ils voudroient bien lui prêter. Les voisins de la Saxe avoient dans ce temps là le même caractére, & la même fortune, qu'aprésent. Les Peuples du Brandebourg, moins vains & moins fiers qu'aujourdhui, mais à peu près aussi pauvres, n'avoient point d'argent superflu à mettre en Banque; & leur Souverain toujours pecunieux, fut toujours connu pour un Créancier, sans miséricorde pour les intérêts, & sans rémission pour le capital, souvent prêtant sur gages, & jamais de court pour s'aproprier l'Hipotéque. Qui est assez Etranger dans l'Histoire des emprunts, pour ignorer que la Couronne Royale de Pologne, engagée au grand Electeur de Brandebourg, pour 300000. florins, en a payé plus de 8. à 900000. d'intérêts? ne sçait on pas à quel titre la bonne ville de Hall, & ses districts, sont venus à la Maison Electorale de Brandebourg? Vraiment, si le feu Roi de Pologne Auguste Second, avoit voulu prendre de l'argent du défunt Roi de Prusse, sur le Burgraviat de Magdebourg, & sur la Lusace, il ne seroit pas question de la Banque du *Steuer*. Ajoutons à cette considération sur les temps & les circonstances, que le fond du *Steuer* étoit si solide, & si avantageux pour ses Créanciers, que les Saxons naturels auroient été fâchés que la

Ban-

Banque leur eût préféré des Etrangers. Il n'y en avoit pas un qui foupçonnât alors, qu'un jour leur Voifin fe trouveroit affez hardi, pour faire céder les loix Germaniques au bien de fes affaires particuliéres, & pour fe ruer, *fans dire gare*, fur un Co-Etat Allié aux grandes Puiffances de l'Europe. Pas un ne devinoit qu'une Armée de Brandebourg viendroit exiger reddition de compte du premier Souverain Proteftant, fur le Gouvernement de fon Peuple. Pour cette fois confeffons à la juftification de ces anciens Saxons, *qu'il y a quelque chofe de nouveau fous le Soleil.*

Quant à la feconde partie de l'alternative, deux mots y peuvent répondre. Seroit-on tenté de mettre fon argent en rente fonciére, fans fçavoir à quoi s'en tenir pour le remboursement? Qu'on ne m'allegue point ce qui fe fait en Hollande: le zélé de la Patrie rectifie bien des imprudences. Il feroit difficile de trouver quelqu'un, qui voulût prêter fon argent à l'intérêt de 5. pour cent, à une compagnie, dont on verroit le commerce en crife, & cela fans fe faire fixer un terme pour l'acquit, ou pour la rénovation du contract. Lorfque les Etats de Saxe ouvrirent les foufcriptions, pour leurs Créanciers, la France cherchoit les fiens à 9. & 10. pour cent d'intérêt. L'Angleterre & la Hollande donnoient aux leurs 7. & 8. L'Efpagne offroit 12. & 14. L'Empereur Léopold n'en fixoit point; & toutes ces Puiffances trouvoient à peine, qui les voulût

pour

pour Débiteurs. Si l'on veut se convaincre qu'en assignant un terme pour les rembourse-mens, malgré l'incertitude d'y satisfaire, les Saxons n'ont fait que suivre l'exemple des Nations les plus sages & les plus habiles, jettons les yeux sur ces fameuses Banques d'Angleterre, qui depuis 70. ans qu'elles grossissent la liste de leurs Créanciers, & la masse de leurs dettes, deviennent de jour en jour moins solvables, & plus acréditées.

Tout le monde sait, que la Banque d'Angle-terre réunit les deux espéces. Elle est Déposi-taire, & Rentière. La grandeur & la facilité du commerce, ont donné naissance à la premiére ; & la seconde est née des besoins urgens de l'Etat & du Gouvernement. La Nation fit ses pré-miers emprunts sous le regne de Guillaume III. Elle ne devoit pas un Shelling lors de l'expulsion de Jacques le Catholique. Ses Obligations se multiplièrent chaque année avec les dépenses de l'Etat. Elles montoient à 36. millions Sterlings, ou 386. millions de Florins, à la mort de la Reine Anne. Elles augmentèrent d'environ 10. millions Sterlings, ou 110. millions de Florins, pendant les vingt cinq années de paix qui ont suivi les Traités d'Utrecht; & elles se sont ac-cruës de 29. autres millions Sterlings, ou 319. millions de Florins. Le total est maintenant d'environ 90. millions Sterlings, ou mille mil-lions de Florins. Le calcul le plus favorable fait monter à 16. millions Sterlings, ou 176.

mil-

millions de Florins, les Efpéces d'or & d'argent répandues dans les Domaines Britanniques; & il évalue à huit millions Sterlings, ou 88. millions de Florins, l'or & l'argent qui y exiftent, foit en œuvre, foit en maffe; *total.* Vingt quatre millions Sterlings, ou 284. millions de Florins. Ainfi la Dette Nationale eft triple de tout l'Avoir de la Nation. L'Hipotéque des Créanciers eft fur le Commerce de l'Angleterre; & la garantie de l'Hipotéque eft dans la poffeffion de l'Empire de la Mer. Que l'on faffe attention fur la nature des furetés, & que l'on confidére le crédit fans bornes de cette puiffante Nation, fa conftante intrépidité dans l'augmentation de cette immenfe dette, & la confiance inebranlable des Etrangers & des Naturels du pays, en fa bonne foi. On fent la difparité entre cette admirable Banque & la Banque Saxonne, quant au point que nous difcutons. La plûpart des Cédules de la Banque Rentiére de Londres, font des Billets de Commerce, fur la valeur defquels on ne confulte point l'état des Coffres de la Banque. Le remboursement des Capitaux n'eft point un objet d'inquiétude pour la Nation, parceque le prix des Billets n'ayant guères d'autre variation, que celle du taux des denrées, les Cedulaires font accoutumés à les regarder comme un bien fond, dont ils ne veulent que le revenu. Mais paffons à la Banque Dépofitaire, dont la nature, que j'ai expliquée ci-deffus, eft d'avoir perpétuellement dequoi faire face à la réquifition des Dépofiteurs,

teurs, vinssent-ils tous ensemble demander leurs Capitaux.

La Banque Dépositaire de Londres a poussé l'assurance & la sécurité, jusqu'à faire de ses Billets une monnoye courante. Je n'ai pas besoin de faire observer ce que cette opération pouvoit avoir de suites, & ce qu'elle a du avoir de difficultés. Le peu de succés avec lequel Law la tenta en France, sous l'apui d'une autorité Despotique, fait l'éloge & du Gouvernement & de la Nation Britannique. Cette admirable Banque de Londres, qui est de nature à ne vouloir & à n'espérer aucune indulgence de la part de ses Créanciers, ne se soutient que par cette indulgence; & elle en présume plus que n'a jamais fait la Banque rentiére de Saxe. Je suis bien certain qu'il en est de même des Banques de Venise, d'Amsterdam, de Hambourg, enfin de toutes les Banques Dépositaires de l'Europe. Mais comme celle de Londres a seule essuyé la crise qui me fournit la preuve de fait, je me bornerai à la citer.

On m'a assuré, que si la France, en guerre ouverte avec l'Angleterre, avoit soutenu de deux ou trois millions Sterlings, en 1746. un procédé bien moins odieux, que celui de la Cour de Prusse envers la Saxe, en cette même année, c'en eût été fait de l'admirable Banque de Londres.

A l'aproche du jeune Prétendant, l'allarme se répandit dans toute l'Angleterre avec une velocité incroyable. On craignit pour le Gouvernement actuel,

actuel, qui tient attaché à son sort le sort, des Dettes Nationnalles; & les Cédulaires des deux Banques furent dans la plus cruelle inquiétude. Quelques-uns des plus impatiens rompirent la glace, & portèrent leurs Cédules à la Banque Dépositaire, qui les réalisa sur le champ. D'autres vinrent à la suite, ils furent encore satisfaits. La foule s'accrut; & bientôt l'Or manqua dans les caisses. Les Payeurs essayèrent d'amuser ces importuns, en faisant les payemens, d'abord en Shellings, puis en demi Shellings, qu'on pésa au commencement, & qu'ensuite on compta un à un. Ce n'étoit pas assez pour leurrer l'impatience des Cédulaires. Les Comptoirs s'ouvrirent tard, se fermèrent de bonne heure; les Commis furent lents à se rendre, & prompts à se retirer, à l'heure assignée. L'artifice fit gagner quelques jours. C'étoit beaucoup, vû que la crise provenant d'une fermentation interne, elle devoit être décidée en trois ou quatre semaines; & pour rétablir le calme avec la confiance, il sufisoit d'émousser la première impétuosité. Cependant ces piéces de douze sols, & de six sols, comptées lentement, une à une, par un Bureau qui avoit coutume de péser des sacs & des tonneaux de Guinées, redoublèrent les inquiétudes des Cédulaires.

Numero

MEMOIRES

POUR SERVIR 'A

L'HISTOIRE

DE NOTRE TEMS.

Numéro Neuvieme.

ETAT PASSE', PRESENT, ET FUTUR DES FINANCES DE SAXE.

ON vit à Londres les mêmes simtômes, qui avoient précédé à Paris la chute de la Banque de Law. Tout le monde demandoit de l'or & de l'argent à la Banque, & perſonne ne vouloit lui accorder le temps de rapeller ſes fonds. Dans tout autre pays que l'Angleterre, la Sédition auroit éclaté. Des Régimens auroient dû contenir la multitude, ou peut-être ils en auroient été maſſacrés; & l'Etat ébranlé juſques dans ſes fondemens, auroit vu ſes Chefs en danger de périr. Mais le Peuple Anglois aime, & reſpecte les loix. Deux Connétables, armés de leur baguette, ont la vertu de calmer une fureur, dont vingt bataillons feroient les victimes; tout s'en tint aux cris & aux murmures.

La Cour, qui fondoit de juſtes eſpérances ſur le Duc de Gumberland, & ſur ſon armée, arraî

raifonna les Créanciers les moins incommodes ;
& elle eut le bonheur de les préferver de la contagion. Elle demanda aux Cédulaires de la
premiére volée, de faire montre d'aſſurance.
On croit même que l'Electeur de Hannovre leur
offrit ſa caution pour le Roi & la Nation Britannique. Quoiqu'il en ſoit, le Gouvernement
détermina plus de Cent Négocians Anglois de la
premiére claſſe à s'aſſocier, non pas pour payer
les Billets de la Banque (il n'y avoit point de
promeſſes capables de délier leurs bourſes) mais
pour recevoir ſes Cédules en payement, de la
part de leurs Débiteurs & de leurs Comptables.
L'exemple des Bernois, du Duc de Modène, &
d'autres grands Cédulaires, joint à la déclaration
de ces Négocians aſſociés, fut un objet de déli-
beration pour les Cédulaires mediocres, chez qui
l'allarme s'étoit propagée. Il y eut une eſpéce
de ſuſpenſion, à laquelle la victoire de Culloden
fit ſuccéder le calme. On douta que la Banque
eut été à ſec ; on fit honneur à une ſage politique, de la montre de ſon épuiſement ; & la
multitude des Cédulaires ſe perſuada qu'ils avoient pris une fauſſe allarme.

Où en étoit la Banque d'Angleterre, ſi le
Miniſtére de France ayant ſuputé que la guerre
d'une année contre les Anglois, devoit couter
à ſon Maitre trois à quatre millions Sterlings, il
avoit conſacré cette ſomme à échauffer, & à
pouſſer la fermentation dans l'Ile ; ſi fondant
quelques eſpérances ſur l'inquiétude que mettroit
parmi

parmi le Peuple l'aproche du Prétendant avec
une Armée de Rebelles, il avoit diftribué à
l'avance une centaine d'Agens dans les Provinces
d'Angleterre, avec de l'argent, pour y acheter à
leur véritable prix, tout autant qu'ils auroient
pu, des Cédules de la Banque; fi ces cent hommes éparpillant leurs billets parmi vingt à trente
mille Catholiques Anglois, qui font à Londres
les ennemis jurés du Gouvernement, ils avoient
guidé, conduit, & animé cette multitude, à
preffer au même inftant la réalifation des Cédules: je le repéte, où en étoit le Banque, où en
étoit le Gouvernement de l'Angleterre ? Cette
terrible opération n'avoit rien d'injufte au fond,
la guerre étant déclarée ; & elle n'eft qu'un jeu,
en comparaifon de celles des Pruffiens fur les
billets de la Banque Saxonne depuis 1746. jufqu'en 1753. Le Monopole François n'a point
eu lieu; & c'eft préfentement une mine éventée,
contre l'effet de laquelle le Gouvernement Britannique a cent moyens de fe prémunir pour la
fuite. Mais l'Algiotage Pruffien n'a eu fin, qu'a-
près avoir fait les plus grands ravages. Inférons
du peril où le premier auroit mis la Banque d'Angleterre, le mal que le fecond a caufé à celle de
Saxe; & ceffe de regarder la crife de celle-ci
comme l'effet d'un vice radical de fa conftitution.
Il n'eft point de Banque qui puiffe tenir contre
l'exactitude d'un Créancier, devenu tel par un
jufte achat de feconde main. Quelle eft celle,
qui tiendroit contre celui qui a acheté fes cédules,

I 2   à 30.

à 30. 40. 50. même pour Cent, au-deſſous de
leur valeur? Au lieu de contribuer à délivrer là
Steuer de la criſe où la mettoient les Pruſſiens,
les autres Créanciers ſe ſont empreſſés de tirer
parti des forces que la convulſion lui faiſoit ra-
maſſer. On devoit s'attendre, qu'ils précipité-
roient l'entière défaillance, en la voulant dévan-
cer; & que la Banque demandant d'être entendue
dans ſes Juſtifications, montreroit le vuide de
ſa caiſſe, & déclareroit ſa faillite. Cela n'eſt
point arrivé; la Banque a fait face à nombre de
Capitaliſtes intraitables, après s'être acquitée envers les Pruſſiens; & elle n'eſt reſtée en arriére,
que d'une demi-année d'intérêts, avec tous ſes
Cédulaires. Cela tient du prodige, & répon-
droit ſeul aux accuſations intentées contre la Régie Saxonne. Mais nous devons l'Hiſtoire de la
Banque du *Steuer*, avec le détail de ſa criſe, & de
ſes reſſources.

Les prémiéres diſgraces du Roi Auguſte II.
en Pologne, donnèrent naiſſance à cette Banque.
L'affection des Saxons pour la perſonne de leur
Souverain, leur fit mépriſer la diſtinction que
des Sujets moins zélés auroient fait valoir, quant
aux titres de leur Prince, & à la faveur de laquelle
ils auroient pu ſe diſpenſer de partager ſes périls.
La querelle étoit entre la Pologne & la Suéde;
& ils voulurent que le Roi des Polonois ne ceſ-
ſât point d'être le Souverain des Saxons. J'aime
à voir les Anglois & les Hannovriens adopter
cette noble façon de penſer; & je ne donnerois
pas

pas un pfenning des Meffieurs de Pologne & de
Neuchatel, qui fe chauffent tranquilement dans
leurs maifons, à la faveur d'un vil Sophifme,
tandis que leurs Fréres *en Augufte & en Frideric*,
effuyent la plus rude guerre. Le bouillant Charles XII. fans fe foucier de la Logique, jugea à
propos de compter pour rien à fon tour toutes
les diftinctions; & il réfolut de porter en Saxe la
guerre, que les Saxons foutenoient contre lui
pour les Polonois, en Pologne. Comme Roi
de Pruffe, & comme Electeur de Brandebourg,
le Voifin de la Saxe imita ces modéles, *fuivant
fa façon de penfer particuliére.* Il confondit fon
alliance avec la Pologne & fa confraternité avec
la Saxe, en ne tenant compte ni de l'une, ni de
l'autre. Quoique le Corps Germanique en Diète
eût declaré, que le Roi de Suéde feroit tenu pour
ennemi de l'Empire, auffitôt qu'il auroit paffé
l'Oder; *Frideric I.* qui ne pouvoit douter que
Charles ne marchât à la conquéte de la Saxe, &
qu'il n'en dût fortir, pour aller mettre la Pologne
fous le joug, laiffa paifiblement le Monarque
Suédois paffer, & s'établir en Saxe, repaffer &
courir en Pologne. Après une guerre de vingt
ans, les Saxons virent leur Souverain faire la Paix.
Leur fureté, la gloire de leur Prince, la reconnoiffance des Puiffances du Nord, & les Eloges
des Alliés d'Augufte, ce fut tout ce que leur
raporta l'humiliation de la Suéde, à laquelle ils
avoient tant contribué de leur fang & de leurs
biens, & qui étoit fans contredit l'ouvrage de

I 3   leur

leur Souverain. Leur bon Voisin qui n'avoit eu ni les frais, ni les périls de la guerre, qui n'avoit pas même fait montre de leur en vouloir épargner les dommages, se présenta brusquement pour en recueillir les fruits, il partagea la dépouille de l'ennemi, que les Saxons avoient aterré.

Durant cette longue guerre, les emprunts de la Banque du *Steuer* avoient grossi avec les besoins de l'Etat & du Souverain, & en proportion des pertes de tous les deux. A la mort d'Auguste II. il fallut que la Saxe prit part à une seconde guerre, qu'elle ne pouvoit décliner, sans manquer à son Prince & à son honneur. De nouveaux subsides extraordinaires exigèrent de nouveaux emprunts, dont la guerre Pragmatique est venue ensuite renouveller la nécessité. La Banque Saxonne devoit, en 1744. vingt millions de Thalers. C'étoit beaucoup pour un Etat méditerrané de petite étendue. Mais ce n'étoit pas trop pour un Etat bien peuplé, d'un sol fertile & bien cultivé, possesseur de plusieurs mines très abondantes de fer & d'argent, pour un pays où une circulation soigneusement entretenue, des richesses du Souverain vers les Sujets, anime l'industrie, fait valoir le travail des habitans, & nourrit un grand commerce, que le Gouvernement doux & modéré y a fixé. Les plus habiles Saxons étoient d'opinion, qu'il convenoit au bien-être de la Saxe, de ne pas acquiter ses dettes; soit parcequ'elles intéressoient plus vivement en sa faveur des Créanciers incapables de

violen-

violence, tels que les Hollandois & les Suiffes;
foit parcequ'elles étoient, pour les Saxons Cédulaires, un nouveau lien de leur affection pour
leur patrie; foit enfin parceque rendant défor-
mais crians les impots que le Miniftère pouroit
être tenté de propofer, elles preferveroient la
Cour de Dresde de la contagion du Defpotifme,
qui avoit prefque anéanti entiérement, chez les
voifins de la Saxe, le droit avec l'objet de la
propriété, pour les fujets.

Loin que les Créanciers euffent lieu de s'allarmer fur la grandeur du capital, ils virent les
Bureaux de la Banque, non feulement payer
exactement les intérêts, mais encore préfenter
aux Cédulaires défians un fond d'amortiffement,
que les Etats du Pays, de concert avec la Cour,
avoient déja établi, & fe promettoient de groffir, d'année en année.

Tel étoit l'Etat de la Banque de Saxe, lorfque les pauvres Saxons, pris à partie pour l'Impératrice Reine leur Alliée, furent furpris par
l'invafion Pruffienne en 1745. L'on fçait,
que les pretextes ne manquèrent pas au
Roi de Pruffe, mais que fa véritable raifon étoit de tirer de l'argent de fes riches voifins.
Jamais on ne fut plus expéditif. En moins de
cinq femaines, fans pillage, & fans violence,
Sa Majefté Pruffienne avoit fait paffer dans fes
Coffres plus de quatre millions d'Ecus, (Thalers) c'eft-à-dire huit millions environ de Florins, fans compter les contributions en vivres &

foura-

fourages, & la dépouille des Arsenaux. On ne
sçauroit donner assez d'éloges à la modération
des Généraux & Officiers, à la discipline des
Soldats Prussiens. Les prémiers mirent leurs
Douceurs sur le pié qu'ils voulurent ; & après le
payement ils tinrent les Magistrats des Villes, les
Juges & Baillifs de la campagne, avec leurs
hôtes, quittes de la dette. Les autres se com-
portérent avec une décence admirable. Aucune
femme, aucune fille, ne leur fit procez pour
viol ; & ils ne mirent le feu nulle part. L'Article
des uns & des autres a été évalué à deux millions
de Florins, ce qui n'est que 800000. florins de
plus, que n'ont été estimés les Dégats des Autrichiens Alliés de la Saxe. Cependant l'un &
l'autre article étant ajoutés au précédent, voilà
environ six millions d'Ecus, en belles Espéces
sonnantes, enlevés du pays en six semaines, &
une perte de valeur de trois à quatre autres,
pour les habitans. Le Traité de Dresde rendit
la paix aux Saxons. Mais ces bons Germains
n'y virent point le piege que l'Article VI. tendoit
à leur argent. Ils promirent que les Sujets du
Roi de Prusse, porteurs des Obligations de la
Banque du *Steuer*, seroient remboursés par préférence, à l'échéance du terme marqué dans le
contract. On croira, que les Prussiens avoient
alors des Obligations *du Steuer*, pour plusieurs
millions. Erreur. Jusqu'en 1749. ils firent tous
leurs efforts pour en acquérir, & ils ne s'en trou-
vérent cette année-là, que pour 340000. Ecus.

La

La confiance étoit si bien enracinée chez les Cédulaires, qu'aucun ne vouloit réaliser, si ce n'étoit au pair. L'esprit & la lettre de l'Article VI. du Traité de Dresde, ne favorisoient que les Prussiens possesseurs actuels des Obligations de la Banque. Mais ceux-ci profitérent de la négligence des Saxons à demander la spécification de ces Créanciers actuels; & la Cour de Saxe, qui s'aperçut des funestes suites de cette bévue du Comte de Hennicken, son Intendant des finances, & son Plénipotentiaire a la Paix, pressa la Cour de Berlin, en 1748. de couper pié à l'abus. L'Edit Prussien du 28. May, lui donna satisfaction. Ce ne fut qu'alors qu'on eut vent de l'Agiotage, qui minant par les fondemens le crédit de la Banque, faisoit passer aux sujets de Prusse les Cédules *du Steuer* à 30. 40. jusqu'à 50. pour Cent de bénéfice.

On trouvera la raison sufisante de la subite défiance qui s'empara des Créanciers de la Banque, dans les mésures que le Ministére Saxon avoit été obligé de prendre, pour boucher les trous que l'expédition Prussienne avoit faits dans les caisses. A peine le dernier Soldat Prussien avoit les piés hors de la Saxe, qu'on mit la main à l'œuvre pour raffermir, & étayer la Banque. On y procéda avec tant de confiance & de promptitude, qu'à la foire de St. Michel, 1746. c'est-à-dire six mois après l'évacuation, les intérêts furent payés à tous les Cédulaires, sans leur parler d'aucune réduction, soit pour le Capital, soit pour

I 5   les

les Intérêts. Les Miniftres & les Agens Saxons
négocioient par-tout des emprunts ; & ils étoient
avidement écoutés. Mais un Miférable, qui
tenoit les livres de la Banque, fut tenté par le
Diable, & par je ne fçai quoi autre, de décré-
diter fes compatriotes ; & fachant qu'on étoit
fur le point de conclure à Amflerdam un em-
prunt de 1200000. florins, il écrivit à des Hollandois intéreffés dans ce prêt, tout ce que fa
malice lui fuggéra. La lettre fit peu d'impref-
fion fur ceux à qui elle étoit addreffée. Ils l'en-
voyèrent au premier Miniftre de Saxe ; & en
attendant réponfe, ils pafférent outre à la con-
clufion. Le Traitre fut faifi, convaincu ; & le
Roi fon Souverain naturel, eftimant trop fes
peuples, pour croire que par le fuplice de ce
malheureux, il fallut les détourner de fuivre fon
exemple, l'enferma lui & le fouvenir de fa tra-
hifon, dans la maifon de correction de Leipzig,
après l'avoir fait expofer une heure, au Pilolis
de Drefde, aux juftes reproches de fes compatriotes. Mais le contenu de fa lettre avoit été
à d'autres que les Amfterdamois ; & il avoit trouvé chez eux plus de crédulité. Les Agens Pruffiens faifant paffer de bouche en bouche leurs
Commentaires fur ce faux Expofé, nombre de
Cédulaires voulurent réalifer. La Cour de Berlin éluda, puis rejetta fon Edit du 28. May 1748.
Voici fa façon d'argumenter : *L'Edit n'a pas été
folemnellement notifié à la Cour de Drefde ; ergo
la Cour de Drefde n'en peut prendre aucun avantage.*

tage. N'eſt-ce pas là une ſinguliére Logique? Il fallut pourtant que la Cour de Dreſde dit *Amen.* Sa Majeſté Pruſſienne lui mit à faveur ſpéciale, qu'Elle bornât au mois de Décembre 1753. le bénéfice du VI. Article du Traité de Dreſde, & qu'Elle ſuſpendit juſqu'à ce terme l'exécution de l'Edit du mois de May 1748. . . Le compte ſurprendra. Depuis 1749. juſqu'à la St. Michel 1753. la Banque *du Steuer* avoit payé aux Sujets Pruſſiens 688000. Ecus de Capital; & les ſujets Pruſſiens qui ne poſſédoient en 1749. que pour 340000. Ecus d'Obligations, ſe trouvèrent à la fin de 1753. avoir entre les mains pour la ſomme de 947000. Ecus de nouvelles Obligations, dont la Banque Saxonne dut promettre l'acquit par préférence. . . Je finirai ce détail de la criſe de la Banque *du Steuer,* par l'Addition de ſes dettes. Les Etats de Saxe, en 1749. ſe firent préſenter le mémoire des diférentes opérations, que le Miniſtére avoit faites ſans leur aveu, ſelon l'exigence des circonſtances. Jamais la Chambre des Communes en Angleterre n'examina avec plus d'exactitude les comptes d'un Miniſtre dont elle avoit réſolu d'avance la diſgrace. Le Total des dettes fut trouvé de vingt-huit millions de Thalers. C'étoient huit millions de plus qu'en 1744. Obſervons qu'en vingt cinq années de paix, & du commerce le plus floriſſant, l'Angleterre ajouta dix millions Sterlings, ou plus de cinquante millions d'Ecus, à la dette Nationnale. Qu'on ſe rappelle l'invaſion Pruſſienne

en

en Saxe, & les opérations souterraines qui la suivirent ; & jugeons si les Etats de Saxe firent grace aux Ministres de leur Souverain, en signant leurs comptes, en adoptant leurs Cédules, en se donnant pour garants & pour cautions, des huit millions contractés pendant les cinq années. Que l'on décide si les Ministres, les Etats, & le Souverain de la Saxe, sont dans le cas d'être mis en curatelle? & si nous n'avons pas mis à leur juste prix les intentions du prétendu Curateur? Ce dernier ne s'y prenoit-il pas bien, en donnant aux Saxons sa nombreuse armée à nourrir gratis, ses Officiers à gratifier, ses Généraux à festiner, ses Soldats à régaler! en faisant enlever tous leurs grains à titre de contributions militaires, pour les leur revendre ensuite à haut prix! en arrachant à leurs fabriques leurs artisans, à leurs campagnes leurs laboureurs! en vendant à l'enchère consciencieuse de son honnête juif monnoyeur les Magazins Royaux! en affermant à cet habile Israélite les domaines du Souverain, & les impôts qui constituent les revenus de l'Etat! enfin en livrant à Ephraïm les Monnoyes de Dresde & de Leipzig, avec plein pouvoir, & main forte! C'est avec très grande raison, que l'on doute, que jamais la Banque *du Steuer* se releve avec de semblables secours. L'on se gardera bien d'inviter personne à se fier aux promesses des Ecrits Prussiens. Peut-on gagner quelque chose à tromper? Ce ne sera qu'après la paix faite qu'il sera bon de prêter de l'argent à leur Sénat, à leur Souverain.   Pour

Pour donner une idée des reſſources de la Saxe, qu'on ſe rappelle, que le Roi de Suedé Charles XII, pendant un ſéjour de dix-huit mois qu'il y fit avec ſon armée, en tira plus de trente millions d'Ecus... Nous devinons une objection, & nous devons y ſatisfaire. Charles XII. n'inquiéta ni le laboureur ni l'artiſan. Il n'avoit point trainé à la ſuite de ſon armée une autre armée, de Marchands & d'Ouvriers Suédois. De l'argent de la Saxe, il paya aux Saxons l'habillement de ſes Troupes, l'equipement de ſon armée. Au moyen de la circulation & des conſommations, que les Suédois accrurent, Charles XII. rendit d'avance à la Saxe les cinq à ſix millions d'Ecus que ſon armée en emporta. Rien de tout cela, de la part de Sa Majeſté Pruſſienne. Son Directoire en veut à la ruine & à la dépouille de la Saxe; & il eſt très incertain, que le Monarque ſoit jamais forcé de rendre ce qui a été pris, ou que ſon Avoir ſuffiſe pour la reſtitution. Plus de trente mille hommes, la fleur de la Jeuneſſe du pays, enlevés pour ſes armées, ne reviendront peut-être jamais. Plus de vingt mille autres qu'il a transplantés, demeureront fixés ſur les terres, qu'il leur donne à défricher. Trente à quarante mille autres, qui ſe ſont dérobés par la fuite à l'opreſſion, ou qui ſont allés offrir leur bras aux Alliés de leur Souverain, périront peut-être avant que d'avoir opéré la délivrance de leur patrie. Enfin, nous accordons que la Saxe, lors de la paix, ſera en auſſi mauvais état qu'aucune

Pro-

Province Turque qui ait été pendant cent ans la proye de cent Bachas, & de cent mille Janissaires. L'Armée de Marchands & de Vivandiers Prussiens qui suit l'Armée Prussienne, n'aura pas laissé un écu dans ce pays désolé.

Mais l on m'accordera, que le Souverain légitime sera rétabli, que le pays sera gouverné par ses anciennes loix & ses anciennes coutumes, & que les Hollandois seront assez génereux, assez humains, assez équitables, pour ne pas laisser leur commerce changer son cours, & prendre celui que la violence & l'opression lui veulent tracer. Si cela arrive je garantis la Saxe repeuplée, son Souverain riche, les fonds de la Banque rentrés, & les Saxons aussi industrieux, & aussi aisés que jamais, dans le terme de dix ans. On demandera peut-être, s'il est raisonnable de penser qu'avec un si beau prétexte, & une si belle occasion de faire Banqueroute, les Saxons préféreront de payer des dettes, dont ame vivante n'auroit le courage de leur reprocher la perte. Je repons qu'un Particulier dont l'ambition, l'avarice, & la fortune, ont certaines bornes, se croiroit un sot de consacrer dix ans de son travail à se mettre en état de payer, & dix autres à payer de dettes, pour lesquelles il ne craint aucune pourfuite. Mais un Etat, une Nation, pensent & doivent agir autrement. Dix ans pour l'un & l'autre ne sont rien, parceque bâtissant sur l'espérance d'une durée éternelle, ils embrassent les cinquante, les cent générations, qui doivent
suivre

suivre la génération présente. Quoi ! Un Paysan qui tient une terre à ferme, par un bail de
neuf ans, a le courage & la générofité d'y planter
des Chênes, dont le gland ne se montrera qu'a
soixante, ou quatrevingt ans de là ; & un peuple
poffeffeur de son pays depuis dix Siècles, ne fera
rien pour sa pofterité, à laquelle il adjuge une
poffeffion encore plus longue ! On connoit, les
richeffes indépendantes de la Saxe. Un terroir
fertile, des mines abondantes, un excellent cli-
mat, un Gouvernement doux, & fidele aux
loix Germaniques, voila qui lui affure un peuple
nombreux, en dépit de toutes les dévaftations.
Vingt ans après que Charlemagne y eût fait
égorger tous les mâles qui atteignoient au pom-
meau de son épée, l'Hiftoire offre les Saxons
auffi redoutables qu'auparavant cette horrible &
gigantefque exécution. La pofition Géographi-
que de la Saxe, en fait l'entrepôt néceffaire du
Commerce terrané des quatre parties de l'Europe ; c'eft de la fur-tout que se doivent tirer ses
reffources, & la confiance en sa Banque. Les
fonds de la Banque font principalement dans les
impôts fur la confommation. Ni ces fonds, ni
les autres, ne dépendent du Souverain. Ainfi,
la Banque n'eft point de celles, dont les Capita-
liftes font expofés à des Edits de réduction, ou
de fuppreffion. Au contraire, le Souverain lui-
même a fait connoître, avant le dernier defaftre,
que loin de vouloir altérer le crédit de la Banque,
il en vouloit partager la garantie avec les Etats

du

du Pays. Il a offert d'engager ses domaines particuliers, pour acquiter les plus anciennes Obligations. Depuis la Diète de Dresde, en 1749. les Etats ont adopté toutes les Cédules ; & les biens de tous les Saxons sont hipotéqués aux Cédulaires. Bien diférente en cela, de la France & de l'Angleterre ; dont ni les Souverains ni les Peuples, ne seront jamais comptables : malgré eux, la Saxe, en sa qualité d'Etat de l'Empire, répond au Corps Germanique de sa bonne foi. En un mot, les Pères feront tous leurs efforts, & leurs Fils acheveront leur ouvrage. Le crédit est la cause efficiente du Commerce ; le Commerce produit l'Industrie, & l'Industrie met l'aisance dans ce peuple nombreux qu'elle attire, & qu'elle retient dans un Pays. De cette aisance du peuple dépend la consommation des danrées & marchandises, qu'on compte pour le nécessaire & l'utile. Croira-t-on, que les Etats de Saxe rendus à leur Souverain, & à eux-mêmes, préférent un gain momentané à la conservation de ce Crédit, sans lequel leur pays n'est plus un bon pays que pour des Sauvages ? Mais qu'entendons nous par ce gain qu'une banqueroute leur procureroit ? Ouvrons les yeux, nous combattons un fantôme. Qui *retient rien, reste rien* ; la regle d'arithmétique est incontestable.

Numero

MEMOIRES

POUR SERVIR 'A

L'HISTOIRE

DE NOTRE TEMS,

Numero Dixieme.

ÉTAT PASSÉ, PRESENT, ET FUTUR DES FINANCES DE SAXE.

O r les Saxons déclarant leur banqueroute auffitôt après la paix, fe décré-
diteroient gratis, puisque les Pruffiens leur auront tout enlevé. C'eft le Commerce que leurs anciens correfpondans renoüe-
ront avec eux, qui les remettra de leur épuifement. C'eft dans les profits de ce Commerce
qu'il retrouveront des fonds pour leur Banque,
& de l'argent pour leurs befoins. Y a-t'il le
fens commun, de fupofer, que par une déclaration de faillite, hors de propos, ils iront
fe priver eux - mêmes du plaifir de faire
honneur à leur engagemens, & fe condamner à
une indigence perpétuelle ? Sans doute qu'il leur
faudroit, bon gré malgré, déclarer leur Banqueroute, fi tous leurs Créanciers, auffitôt

après la paix faite, les sommoient, à la Prussienne, de rendre les Capitaux, avec les arrérages
des interêts. Mais quel est le Cédulaire assés
Barbare, & assés insensé, pour un pareil pró-
cédé ? A l'exemple des Négocians équitables &
habiles, par raport à un commerçant, honnête
homme, dont la fortune a trompé les travaux,
les anciens Amis de la Saxe l'aideront à se relever
de ses pertes ; & se cottisans pour fournir de
nouvelles matiéres à son travail & à son industrie, ils hâteront avec une généreuse impatience, le temps où elle poura se montrer ingrate
ou reconnoissante. Londres seule auroit fait
renaitre Lisbonne engloutie dans la terre, si le
Roi de Portugal avoit agrée cette nouvelle création : & on doutera qu'Amsterdam puisse faire
les réparations de Leipzig, dont tous les édifices
sont demeurez sur pié? Le Roi de Portugal a
déja remis l'ordre, la tranquilité, & l'abondance
dans son Royaume, où il avoit à rassurer ses
peuples contre la crainte des secousses, qui ont
ébranlé la terre jusqu'en ses fondemens, & à
les guérir de cet esprit de mutinerie & de révol-
te, qui couve toujours sous la fainéantise, &
dont l'indigence excite l'éruption. Combien
moins de temps ne faudra-t'il pas à l'Electeur
de Saxe, pour remettre en valeur un pays, dont
l'ennemi le plus destructeur ne peut gâter que
la surfase; pour tirer de leur pauvreté des Sujets
labo-

laborieux; pour rendre a l'ordre & à la tranquilité un peuple fidéle, obeïssant, & convaincu
par l'experience de plusieurs générations, qu'il
n'est riche pour son Souverain, & pour lui même, qu'autant que son Souverain est riche pour
ses Sujets?

C'est la diférence, qui est entre les Sujets de
Saxe & ceux de Prusse. Cette Oeconomie
Prussienne, si vantée en ces derniéres années,
n'est qu'un simple déplacement, dans l'Etat où
on l'estime la Corne d'abondance. Au lieu que
l'Oeconomie Saxonne, que les Messieurs de
l'Academie de Berlin noircissent de toutes les
figures de leur Rhétorique, crée sans cesse de
nouvelles sommes, pour le pays aux dépens
duquel on croit qu'elle prodigue. L'Oeconomie
Prussienne enrichit le Prince en apauvrissant les
Sujets. L'Oeconomie Saxonne tient en communauté, & en réciprocation perpétuelles,
l'argent du peuple, & celui du Souverain.

N'est-il pas incontestable, que dans un Etat
où le Souverain est plus riche en fonds de terre
que tous ses Sujets ensemble, les peuples obligés de soutenir toutes les dépenses publiques,
doivent avancer d'année en année vers l'indigence, si l'argent du Prince cesse de circuler, &
de venir animer l'industrie? Ce principe vrai
sans exception, est encore d'une plus grande
vérité, quant aux Etats médiocres, & méditer-

K 2   ranés;

ranés, où l'abord des Etrangers ne donne pas
l'équivalent de ce que le Souverain attire à
soi de la portion du peuple.   En Saxe, par
exemple, les revenus du Prince surpassent ceux
des Sujets; & dans les temps les plus heureux
de la Saxe, on croit qu'ils formoient un quart
de l'or & de l'argent qui circuloient dans l'Electorat.   Qu'un Electeur de Saxe eut enseveli
chaque année dans ses coffres la quatriéme partie de son revenu; voilà qu'en seize ans il aura
absorbé toute la masse de l'ancienne circulation.
Chaque année, les malheureux Sujets auront
senti la diminution. Cependant leur quotepart
pour les dépenses publiques, aura été la même.
S'il ne leur est pas survenu quelque secours
étranger, ils auront dû augmenter chaque année l'épargne sur leur consommation, tant
pour le commode que pour l'utile. Insensible-
ment ils se feront réduits au pur nécessaire; &
si leur Souverain persiste à thésauriser, ce nécessaire même devra être de plus en plus rogné.
Supofons un Prince fans affection pour ses sujets, & fans autres vues sur eux, que d'en faire
des esclaves prêts à tout sur le moindre signe
de sa volonté; il ne lui faut que la patience
pour atte ndre à son but. Lorsque le Sujet ne
peut être plus mal qu'il n'est; il vole au devant
de l'occasion de changer, fans examiner quel
fera le changement. S'il voyoit jour à fe dé-

rober

rober au joug, certainement il le tenteroit.
Mais condamné pour jamais à le porter, il tâche
de se l'adoucir en le portant gayement; & il
espère que sa docilité lui méritera quelque faveur
de son Despote.

Qu'on reconnoisse à ces traits les peuples de
Prusse, & les fruits de la merveilleuse Oeconomie du feu Roi. Depuis qu'il commença à
meubler ses caves de Tonnelets & de Barils
remplis d'Espéces, ses Sujets de jour en jour
plus pauvres, renoncèrent au superflu, ensuite
à l'utile, puis aux commodités de la vie. Il
leur auroit fallu épargner sur le nécessaire, si le
Roi eut vécu plus longtemps, ou si de l'argent
étranger n'étoit pas venu, contre toute attente,
rafraichir les canaux épuisés de la circulation.
On s'est mocqué de celui qui a fait honneur à
Vernesobre d'une partie du bien être du Brandebourg; mais on vouloit se cacher, ou bien
on ignoroit, combien un million d'Ecus, épar-
pillé dans plus de cinquante mille familles indi-
gentes, peut créer d'industrie dans chacune.
La paye des Soldats, prise faussement pour un
argent rendu par le Souverain au pays, étoit
employée toute entière en vivres, que la Police
forçoit le Paysan de tenir au plus bas prix; &
elle emoussoit l'émulation du Laboureur, en
tenant toujours au rabais le fruit de ses mois-
sons, en lui interdisant la vente beaucoup plus

avanta-

avantageufe de fes danrées au Bourgeois & à l'Etranger. Cette paye du Soldat Pruffien, n'étoit rien de plus pour les peuples du Brandebourg, qu'un aliment déja digéré, qu'on offroit continuellement à une nouvelle digeftion. Rendus, ou laiffés à la Société, tous ces hommes oififs auroient créé, par leur travail, les fommes que le Souverain leur donnoit, & les danrées qu'ils en payoient au Payfan. La confommation qu'ils faifoient, comme Soldats, n'étoit pas la moitié de celle qu'ils auroient faite, étant confondus avec les autres fujets. De forte qu'au lieu de confumer en frêlons, ce qu'on enlevoit pour eux au pays, ils auroient groffi, avec la confommation elle même, les objets & les produits de la confommation. Le feu Roi attira des habitans dans des endroits de fes Etats qui étoient déferts, & incultes ; mais ces nouveaux fujets, quand le terme de leur franchife fut expiré, fe virent bientôt auffi pauvres que les anciens. Le Monarque établit des fabriques & des manufactures. Mais en prohibant leurs ouvrages dans fes Etats, il les découragëa. C'eft folie de s'imaginer, que l'Etranger viendra acheter argent comptant, lorfqu'on refufe de rien acheter de lui. Les fabriques d'étoffes & de galons, dûrent travailler pour le pays, avec de mauvaifes matiéres, afin de vendre à bas prix. L'étranger n'en

vou-

voulut, que parce que le prix étoit auffi vil
que la marchandife, qu'il ne pouvoit trouver
de même efpéce ailleurs. Qui gagna à la
mervéilleufe découverte du Général Trufchès,
qui fçut le premier trouver dans neuf habits
d'homme dix habits de Soldat? Les fabriques
qui fourniffoient cinq cens mille aulnes de
Drap, n'en fournirent plus que 450000; &
l'argent des 50000. autres refta dans les Barils
de Sa Majefté. L'Orfévrerie périt dès fa naif-
fance, dans les Villes de Brandebourg ; les
Tourneurs en bois, furent les Horlogers du
Tiers Etat; & à peine les Montres de la Nobleffe, de la Magiftrature, & des Officiers, auroient fourni du travail à une douzaine de
Génevois. L'art de la Tapifferie, & le fecret
même des Gobelins, apporté en Brandebourg
par un Refugié François, fous le régne du
grand Electeur, mourut fous fon petit-Fils,
parcequ'il aimoit trop l'épargne, & que fes
Sujets n'avoient pas la hardieffe, pas peut-être
le moyen, de fe donner des ameublemens de fi
grand prix. Quel plus fort indice d'une indigence, qui avoit gagné tous les Ordres de l'Etat,
que cette ardeur pour la baffe Filouterie, qui
fit le caractériftique de la Cour de Pruffe, pendant les dix derniéres années de ce régne vanté?
Frideric Guillaume, non feulement le Prince,
mais l'homme le moins volable, qui fut de fon

K 4 temps

temps en Europe, faifoit les plus terribles exemples de ceux qui le voloient; & il étoit
toujours volé. Il connoiſſoit ſi bien l'eſprit
de mode à ſa Cour, qu'il ne ſigna jamais aucun
compte de ſa Maiſon, ou de ſes Domaines,
ſans apoſtiller de ſa main, oooo. *tant qu'on me
vole.* Le Chancelier ſucceſſeur du Grand Coc-
cei, peut rendre témoignage, que plus d'une
fois tous les Membres d'un Conſeil ont été bâ-
tonnés pour des erreurs, ou des ſouſtractions,
de dix écus. Sa Majeſté mangeoit à un Florin
par tête. Lorſqu'Elle faiſoit la galanterie au
Prince Héréditaire de le mettre de ſon écot,
Elle payoit pour ſon Alteſſe Royale; & on
voyoit le Monarque gliſſer ſur la nappe un
double florin, qu'il y fixoit de ſon *Index,* en
diſant, *voila pour moi, & pour mon Fils Frideric.* S'agiſſoit-il de récompenſer un Soldat,
qui avoit mérité ſes éloges, ou de gratifier un
Maitre de Poſte, qui avoit tenu ſes relais bien
à temps? Sa Majeſté tiroit une piéce de *deux
Gros* de ſa petite bourſe de cuir, & la leur donnoit, en leur recommandant de s'en bien di-
vertir, ſans pourtant outrer la débauche. S'il
y avoit eu en Brandebourg une Chambre des
comptes, comme en France, on y trouveroit
ſur la Garderobbe de Frideric Guillaume, des
articles bien plus ſinguliers, que celui des *qua-
torze ſols pour raccommodage du pourpoint de
Louis*

Louis XI. Le Baron de Gromkow, premier Miniſtre, & Favori du Monarque, aimoit le bon vin; & quand il venoit diner chez le Roi, il aportoit ſa bouteille dans ſa poche. Sa Majeſté avoit la cléf de ſa cave dans ſon gouſſet; & Elle fit donner cinquante coups de bâton au Cuiſinier de Gromkow, qui voulant lui accommoder un Jambon, comme pour ſon maitre, ôſa demander au Sommelier Royal deux bouteilles de vin de France. Enfin Fridéric Guillaume, dont on peut dire, qu'il eſt mort comme il a vêcu, donna dans ſon teſtament, le *Numero* du Baril de vin, qu'il conſentoit qu'on but à ſes funérailles, ſuivant l'uſage d'Allemagne.

Après une Oeconomie pareille, penſe-t-on, que les Payſans de ce régne virent une fois l'an, dans leur pot, la Poule que Henri IV. de France vouloit, que ſes Payſans y euſſent trois fois la ſemaine. La ſubordination eſt dans toutes les parties d'une adminiſtration attentive. Partons d'un tel Souverain, & deſcendons par gradation juſqu'au Bourgeois & à l'Artiſan. Quel enſemble pour un tableau de Téniers, ou de Calot! Non, les miſérables Juiveries de Pologne n'aprochent point de la mauſſade lézine, que la néceſſité mit à la mode dans toutes les maiſons du Brandebourg. Qu'on ſe peigne l'Harpagon de Moliere ſur le trône;

K ſ &

& qu'on affirme, fi on l'ofe, que fes Sujets feront riches & heureux.

Lorfqu'une mort (*a*) falutaire coucha doucement Frideric Guillaume dans le tombeau, les Etats de Pruffe offroient partout le fquélete hideux d'un grand corps atténué par un maitre avare, qui n'avoit voulu nourrir que les bras. Son Augufte Succeffeur, qui en jugeoit alors fans prévention, & fans intérêt perfonnel, regardoit ces Efpéces enfermées dans les Caves du Chateau de Berlin, comme des Prifonniers, dont le bien public demandoit l'élargiffement. Sa Majefté n'a pas gardé ces idées. Soit que fes vues d'agrandiffement la réfignaffent à tolérer, encore pour quelque temps, une langueur qu'Elle efpéroit de guérir aux dépens de fes voifins; foit qu'Elle comptât, qu'un Pays neuf, tel que la Siléfie, auroit affez de fubftance, pour engraiffer les anciennes poffeffions, avant que de tomber dans leur maigreur; foit enfin que le goût du Defpotifme étouffant les grands principes du bonheur des Sujets, le nouveau Roi vît dans fon opulence particulière la joye & la felicité genérale; les Tonnelets & les Barils furent laiffés à leurs piles, dans les caves; & même leur nombre s'accrut. Mais les contributions & les pillages de Bohéme & de Moravie,

(*a*) Ce font les expreffions de la Lettre Circulaire qui notifia le décès de ce Monarque.

vie, les sommes enlevées de Saxe, retardèrent
l'Epidémie ; & les efforts des Ministres & des
Emissaires Prussiens, pour attirer à Berlin des
Etrangers pecunieux, promirent une nouvelle
rosée, avant que celle-ci fût entiérement buë.
Je pourrois dire des particularités bien curieuses,
sur cette politique séduction des riches Etrangers. Mais ce n'en est pas ici le lieu.

Tant d'avitaillemens venus de l'Etranger,
auroient mis l'abondance dans tout Etat où la
circulation auroit existé du Peuple au Souverain, & du Souverain au Peuple. Dans les
Etats Prussiens, il n'en a rien été, parceque le
Prince rapellant tout à lui-même, & regardant
sa caisse particuliére comme l'unique ressort
moteur de ses Sujets, n'a pas même laissé son
pays profiter du suc qu'il auroit tiré de la premiére digestion. Tout est venu s'ensévelir dans
les coffres Royaux. Sa Majesté a pensé que ses
armées étoient toute la Monarchie Prussienne,
comme l'armée de Pompée faisoit toute la République de Rome ; & elle a sacrifié tout le
pays & ses habitans, au bien être des Soldats
qu'elle a mis ensemble. Les Proprietaires &
Tenanciers Silesiens, ont reçu ordre de vendre
à Sa Majesté tous leurs grains à crédit, de vuider leurs Greniers dans les Magazins Royaux,
& de faire circuler, pour des Espéces couran-
tes, les Récépissés de ses Magaziniers. Elle a
ainsi

ainfi épuifé fes propres Sujets, pour leur ôter le defagrément de faire des livraifons, & de payer des contributions à fes ennemis.

Dans fon Royaume de Pruffe, & dans fes Etats de Weftphalie, la prévoyance Royale a été encore plus loin. On y a demandé, de la part du Roi, plufieurs années d'avance de fes revenus; & on y a enlevé, à un prix modique, ce que les habitans avoient de fubfiftances dans leurs greniers, afin qu'ils fuffent en état de fournir la fomme exigée. C'eft-là pourquoi la Pruffe & les Etats de Weftphalie crient tant pauvreté & mifère. Les Ecrivains de Pruffe, qui difent, que les revenus du Souverain, dans les Pays de Cleves, n'alloient qu'à 600000. Ecus, ne difent pas qu'en 1756. leur Maitre a tiré de cette portion de fes Etats plus de deux millions de Rixdalers, en bonnes Efpéces, & peut-être pour autant de leurs grains & fourages achetés à moitié valeur. Ces Weftphali-Pruffiens, qu'on exhorte à crier contre leurs Conquérans, en font réduits pour exciter la compaffion, à évaluer arbitrairement, & à porter en compte, les journées d'hommes & de chevaux, le louage des chambres & des Ecuries, que l'Occupant fait fervir à fon ufage. *Item*, tant pour les logemens. *Item*, tant pour la maifon où eft l'Hopital. *Item*, tant pour les lits & les Uftenciles fournis au Soldat,

Autri-

Autrichien & François. *Item*, tant pour la journée des Paysans qu'on a forcés de travailler. *Item*, tant pour le travail & la nouriture de leurs chevaux, pour la réparation des voitures, pour le racommodage des Harnois. *Item*, tant pour l'incommodité caufée à chaque Particulier par la venue de tant d'hôtes. . . . Qu'en dit-t'on ? Avec un pareil calcul, les Saxons n'auroient-ils pas à répéter plus que le Roi Depofiteur n'a, & n'aura jamais vaillant ? Avec une pareille méthode, quels heureux pays que ceux que l'ennemi auroit envahis ! Tous les hommes & tous les chevaux, qui avant fa venue auroient été defœuvrés la moitié de l'année, recevroient leur paye journalière. Toutes les Chambres fans Locataire, feroîent libéralement payées à la femaine, par les Officiers & les Soldats qui les occupent. La guerre ne feroit peine qu'aux fainéans, qu'elle forceroit à s'enrichir. La Fable *du Chien avec le dîner de fon maitre*, ne donne que l'ébauche de la morale pratiquée par Sa Majeflé Pruffienne. Le fidéle animal fe mit à manger du dîner de fon maitre, lorfqu'il vit qu'il lui étoit impoffible de le fauver. Il feroit peut-être moins loué, mais il auroit été bien plus fublimement prudent & avifé, s'il s'étoit mis à le dévorer, avant que les Chiens ennemis vinffent à lui. Mangeons le, *fe feroit-il dit*, depeur de ne pas

réuf-

réuffir à le défendre. Si je demeure vainqueur,
peut-être que je devrai ma victoire aux forces
que ce bon repas m'aura données; & je le dirai
à mon maitre, qui fe confolera de fa perte
par la gloire que je me ferai acquife.

Après ces opérations de Sa Majefté Pruffienne
fur fes propres Sujets, il faut avouer, que la
furprife faite aux pauvres Saxons, a été dictée à
ce fidèle Depofitaire, moins par la crainte ab-
furde de les avoir pour ennemis, que par le de-
fir prudent de vivre quelque temps à leurs dépens, afin de retarder d'autant la fortie des
Tonnelets & des Barils; fortie que l'épuifement
des Peuples du Brandebourg & de la Siléfie elle-
même, auroit rendue indifpenfable, dès l'entrée de la première campagne.

La même erreur où le Salomon du Nord eft
tombé par raport à la Saxe, a eu lieu pour la
Siléfie. Dans les premiéres années qui fuivirent
la conquête de cette belle province, Sa Majefté
crut faire des faignées, & elle caufa des Hé-
morragies. Peut-être que l'on a admiré avec
une grande partie du Public, cette Oeconomie
Pruffienne, qui a mis ce Monarque immortel
en état de faire de fi grandes chofes. Si l'on a
donné dans le travers, comment m'écoutera-
t-on dire, que tout Prince qui ufera de cette
Oeconomie, n'y gagnera que fa propre ruine,
après avoir ruiné fes Sujets & quelques uns de
les

ſes voiſins. Oh ! s'il ſe pouvoit faire qu'un Prince, en s'agrandiſſent, ceſsât un jour d'avoir des Voiſins, il y auroit à eſpérer que la miſére de ſes peuples, cauſée par ſon attention à groſ-fir & à fortifier l'état militaire de ſa Puiſſance, diſparoîtroit auſſi tôt, qu'aſſuré de jouir tranquilement de ſes conquêtes, il pouroit vaquer ſans trouble au rétabliſſement du bien-être général. Mais telle eſt la conſtitution de l'Europe, que le Prince qui s'accroit, augmente en proportion le nombre, la jalouſie, & la haine de ſes ennemis. Mettons que Frederic le grand re-coigne les François dans leurs frontiéres, & l'Impératrice Reine dans ſes deux Autrichies ; ſupoſons que diſpoſant à ſon gré des Etats qui l'avoiſinent, il mette le Duc de Mecklenbourg dans la Courlande, l'Electeur de Saxe dans la Bohéme, l'Electeur de Hanovre dans Oſnabruk & Hildesheim, l'Electeur Palatin dans le Haut Palatinat, & l'Electeur de Baviére dans l'Autriche antérieure ; & qu'après tous ces déplacemens intimés à tous ces Princes, il joigne les Pays-Bas Autrichiens, & les Duchés de Bergues & de Juliers à ſes Etats de Weſtphalie, pour en faire une tête de ſa monarchie, contre la France & la Hollande : qu'il s'aſſure le cours de l'Elbe & l'Empire de la Baltique, par l'ac-quiſition du Mecklenbourg, & du Lawenbourg ; qu'il uniſſe la Miſnie, les deux Luſaces, & la

Saxe

Saxe Electorale, avec la Pomeranie, à ses Etats
de Prusse & de Brandebourg. Mettons encore
que par l'union du Brandebourg-Culmbach,
de la Moravie & de la haute Silesie à la masse
Electorale, il ait arrondi ses possessions. Après
l'exécution de ce plan, que Pirrhus ne désavoue-
roit pas, se sera-t'il délivré d'un seul des Ennemis, qui le font combattre maintenant pour
son existence ? Voions, le Dannemarc, & la
République des Provinces unies, se joindre à
la France, à la Russie, à l'Imperatrice Reine,
& au Corps Germanique, pour dépouiller un
Frère également avide & industrieux, qui ne
grossit sa légitime, qu'afin d'engloutir tout le
bien de la famille.

Numero

MEMOIRES

POUR SERVIR 'A

L'HISTOIRE

DE NOTRE TEMS.

Numero Onzieme.

ETAT PASSE', PRESENT, ET FUTUR DES FINANCES DE SAXE.

L'Oeconomie Pruffienne effraye, & dégoute, par les facheufes fuites qu'elle traine inévitablement après elle ; & elle fupofe fi peu de talens & de capacité dans fon Amateur, qu'elle n'a pas même le mérite des vertus équivoques, celui de la difficulté furmontée. Quoi de plus aifé que de garder l'argent ? *difoit Themiftocles* ; c'eft le propre d'un Coffre. Le talent des Princes à cet égard eft le talent de dépenfer avec goût & avec difcernement. Colbert, ce Miniftre le modéle de ceux d'un Souverain, qui veut rendre fes Sujets induftrieux & riches : Colbert n'invitoit point Louis XIV. à théfaurifer. Il

L   lui

lui recommandoit la paix, les fêtes, les spectacles, les batimens, le goût des Arts. Il apelloit d'Italie le Cavalier Bernin & Lulli; il envoyoit Girardon, le Brun, & Mansard, à Rome, aux dépens de leur Souverain. Il forçoit la nature à Versailles & à Marli. Il dirigeoit lui même les deffins que les Métiers de Lyon devoient exécuter. Il ordonnoit à Berlin les plus belles piéces d'Orfévrerie. Il commandoit pour le Roi son Maître, les plus beaux ouvrages des Gobelins. Il auroit confeillé les fomptueufe Noces de l'Héritier préfomptif, & le magnifique Camp de Compiégne. Le luxe des habits & le fafte des ameublemens; la fomptuofité de la table, furent encouragés par le goût qu'il en infpira au Roi son maitre, & aux premiers perfonnages du Royaume. Dans un Etat qui vife à l'opulence, il n'y a point de talens fuperflus, dèfqu'ils tendent à augmenter la circulation des Efpéces. Le Jardinier, qui fçait donner des Pois verds en Février, & des Raifins en Avril, eft dans son genre auffi utile, que le Laboureur qui fçait doubler les moiffons d'une année. Le Calendreur qui rafine fur le luftre d'une Etoffe, à fon droit à la munificence du Souverain, comme le Fabriquant qui a trouvé le meilleur alliage des laines.

Le

Le Luxe enrichit les grands Etats, & il apauvrit les petits. Rien de plus vrai. Mais la grandeur des Etats relative à cet axiome, ne dépend point de leur étendue. Le Luxe apauvriroit la Ruſſie comme la Suiſſe, tandis que Gènes s'apauvriroit par des loix ſomptuaires. Les Duchés de Courlande & de Mecklenbourg, les Républiques de Lucques & de St. Marin, ne tirent point du peu d'étenduë de leur territoire la raiſon de leur ſimplicité. Celle qui doit les déterminer à proſcrire le faſte & le luxe, eſt la même qui décide le Dannemarc & la Suéde, & qui devroit guider la Pologne & la Ruſſie. L'Etranger ne leur aporte pas autant d'argent qu'il en tireroit d'eux; & le Luxe rendroit le bilan ruineux. Mais dans des Etats tels que la Saxe, où le travail des Mines fait une création annuelle de trente à quarante mille Marcs d'argent, où un peuple nombreux plein d'ardeur pour le travail, ne demande que des matières pour exercer ſon induſtrie, cette hideuſe meſquinerie de Frideric Guillaume feroit un fléau deſtructeur. Qui acréditera ces magnifiques Glaces, qui ſe jettent ſous le rouleau à Dresde & à Leipzig, ſi le Souverain & ſa Cour ne veulent que des miroirs de Nuremberg? Qui ſoutiendra les fabriques des Galons, des Damas, des Velours,

L 2   des

des Droguets, & des Satins, qui occupent tant de bras, & nouriffent tant de familles, fi le Prince & fa Nobleffe veulent s'habiller de Pinchinat, & ne permettre à leurs femmes que le *Domino* de taffetas couleur de Rofe, dans les jours de fête? Le Bateau qui porte des marchandifes à Hambourg, doublera le prix de fon fret, fi tout homme de condition fe reprochant la prodigalité, lorfqu'il avaleroit demi - gros d'une bouchée, les Bateliers ne trouvent pas à vendre les huitres qu'ils raportent. Augufte Second contribua à la décoration du Jardin d'*Appels* à Leipzig ; & les Buvettes des environs ont rendu à leur Propriétaire, pendant la quinzaine d'une Foire, au delà du premier débourfé. Augufte Second, auffi véritablement magnifique que Louis XIV, dans un bien plus petit Etat, donna à fes Sujets plus qu'il ne dépenfa, dans le fameux Camp de Mulberg, & dans les fuperbes nôces du Prince fon Fils. Pourquoi le Brandebourg n'a - t'il point reçu, depuis près de cinquante ans, la moindre rofée volontaire d'argent étranger ? Un Etat Commerçant Méditerrané a bien une autre régle à fuivre, que l'Etat Maritime, qui peut donner dans le grand Commerce. Ce dernier dépend uniquement de fa propre Marine ; mais l'Etat Méditerrané doit tout attendre de la prédilection qu'il infpire pour lui aux Etrangers; & il ne
s'accré-

s'accrédite point auprès d'eux , quand il veut tirer dans leurs magazins. Les Foires de Leipzig seroient bientôt des Foires dè Village, si la Cour de Saxe, accueillant le Marchand qui aporte de magnifiques frivolités, comme celui qui étale les plus solides Manufactures, elle ne faciliroit également tous les canaux de la circulation.

Me vantera - t - on la puissance des Etats de Prusse, parcequ'ils ont de nombreuses armées? Que l'on s'imagine pour un moment une maladie épidemique, & la défertion, faifans leurs ravages dans cette multitude d'hommes, tenus enfemble par la crainte. Qu'on fe Figure enfuite un coup de tonnerre qui réduit en cendres le Chateau de Berlin. Qu'est - ce alors que la Monarchie Pruffienne? La poftérité admirera fans doute le Roi de Prufle régnant. Elle verra en lui un Prince, que la nature & l'étude formèrent pour gouverner le monde entier. Mais elle verra aussi, que la fortune l'ayant placé trop au deffous de fon cœur & de fon génie, ce grand Prince emporté par la noble ambition de fe mettre à fa place, & de faire un plus grand nombre d'heureux, aura rifqué de compléter le malheur des Sujets, au bonheur defquels, avec de moindres talens & des vues plus bornées, il auroit travaillé avec fuccès. S'il faut qu'il faffe reftitution à la Saxe, & qu'il donne dédomagement & fatisfac-

L 3 tion

tion au Roi Electeur & à fes Alliés, conçoit-on
rien de plus miférable que le Brandebourg & la
Pruffe ? Obfervons que jufqu'ici ce Monarque
n'a pas fait une feule démarche, qui n'ait été
lucrative pour fes Sujets; & qu'au contraire les
circonftances ont été fi fatales pour les Saxons,
que depuis dix huit ans ils ont fait des pertes
immenfes. Comparons cependant l'Etat des
Villes de Saxe & célui des Villes de Pruffe & de
Brandebourg. Leipzig a déja livré plus de trois
millions d'écus en argent comptant, à Sa Majefté Pruffienne, & péut-être plus en mangëail-
le, & en *Douceurs*, aux Généraux, aux Officiers, & aux Soldats Pruffiens. Le Directoire
& fes Subdélegués ont le courage de lui faire
encore de nouvelles demandes. Cette Ville,
fi bonne à preffurer, n'eft pourtant que la feconde Ville de la Saxe; & elle a tout au plus un
demi mille d'Allemagne de circuit. . . . Berlin, la Capitale de toute la Monarchie Pruffienne, la plus grande Ville de l'Allemagne, la ré-
fidence du Souverain, & le fiége de tous les
Tribunaux fuprêmes; Berlin où fe font établis
tous les riches Particuliers, que la féduction &
l'efpérance ont pu dérober à leur patrie; Berlin
s'eft trouvé à fec, après une contribution de
200000. Ecus, exigée dans les vingt quatre
heures! Hall, la feconde Ville du Brandebourg;
Hall que le rendez-vous des Troupes, qu'une
                                            nom-

nombreufe Garnifon, qu'une Univerfité florif-
fante, auroient dû enrichir, s'eft trouvée accablée d'une première contribution de 600000.
Ecus. Ses portes ouvertes, fes maifons aban-
données, elle a laiffé un fecond ennemi opter
entre l'acceptation de neuf mille Ecus, ou le
barbare plaifir de mettre le feu à fes édifices.
A peine les Ruffes ofent ils impofer à Konigs-
berg quelque chofe de plus que l'entretien de fa
garnifon. Ces Villes abuferoient elles, par
une feinte impuiffance, de la moderation des
ennemis de leur Souverain ? Non, dans une
guerre auffi enveminée que celle-ci, les peuples
fe donnent bien de garde de refufer à l'ennemi
un payement, qu'il eft réfolu de fe procurer par
lui-même. Voions Halberftadt. La vie de tous
fes habitans eut-elle été attachée à un Ecu de
plus que ce qu'ils en ont livré aux François, la
Ville ne l'auroit pu fournir. Les millions à
quoi cette Province Pruffienne évalue fes contributions, font de même aloi que ceux des Gens
de Clèves.

Leipzig paroît un Londres, un Amfterdam,
un Lyon; & Berlin femble une Villace; Königs-
berg avec fon magnifique Port fur la Baltique,
eft au deffous des Villes maritimes que le Defpotifme Ruffien, & la foibleffe du Gouvernement Polonois, abandonnent à leur propre induftrie. Hall avec fes Salines & fon Académie,

L 4   eft

est inférieure aux Villes de France du troisiéme rang. Caën & Angers la laissent bien loin derriere elles. Cependant Leipzig, cette Ville que le Commerce enrichit, est une Ville méditerranée, où les Marchandises ne peuvent parvenir que par la voye dispendieuse des charrois, à travers les Etats de nombre de Princes qui les chargent de Douanes & de Peages. La voye de l'Elbe, qui rendroit son abord plus commode, lui a été tant chicanée, depuis dix à douze ans, que celle de terre a paru moins dificile. Leipzig, qui doit autant à sa position Geographique, qu'aux soins de son Souverain, le premier choix qu'on fit d'elle pour l'entrepot du commerce terrané de l'Europe, n'est qu'à 12. Milles de Magdebourg, Ville Prussienne, si non plus peuplée, du moins beaucoup plus grande que Leipzig; & qui étant au bord de l'Elbe, pouroit avec Hambourg, ou Altona, pour port de decharge, recevoir par eau toutes les Marchandises Etrangéres. Mais hormis les chicanes que les Ministres de Sa Majesté Prussienne ont fait essuyer, les Marchands de Leipzig n'ont point souffert de ce dangereux voisinage. Des vexations répétées ont dégoûté les Etrangers de prendre leur route par Magdebourg, sans les indisposer contre Leipzig. Constans dans la préférence qu'ils ont donnée à la Ville Saxonne, ils ont tenu bon contre les frais & la

diffi-

difficulté de la correspondance. La moindre reflexion empêchera de penfer que des Négocians, & furtout que des Hollandois, s'obftinent contre leur intérêt, à ne pas démordre d'une routine. Quelle eft donc la caufe de leur prédilection pour Leipzig ? Elle eft toute dans la nature du Gouvernement Saxon, qui toujours fidéle aux loix du pays, & aux conceffions des Souverains, protége contre lui-même cette liberté bien entendue, qui eft l'âme du Commerce. Les Particuliers, tant Sujets qu'Etrangers, jouiffent du droit de propriété dans toute fa plénitude. Il n'y a point de *Code Frideric* qui en ôtant les longueurs, ôte en même temps les formes aux procédures. Le Marchand y peut difcuter fa caufe devant fes Pairs, fans craindre que l'autorité lui impofe filence. Une Cour nombreufe vient groffir la foule, aux deux grandes Foires. Le Souverain & fes Miniftres, gratieux & polis envers les Naturels, prévenans envers les Etrangers, généreux & libéraux envers les Artiftes, magnifiques dans leur dépenfe, recommandent d'exemple à toute la Nobleffe, le goût de la fomptuofité qui encourage les arts. Voilà les chaines qui attachent le Commerce à la Ville de Leipzig ; c'eft à quoi toute la Saxe en géneral, & cette Ville Saxonne en particulier, font redevables, d'avoir pu pendant quinze ans de pertes continuelles, tromper

L 5 les

les efforts & les espérances d'un voisin jaloux,
& réparer chaque année quelques-unes des brè-
ches, faites les années précedentes, à l'opulence & au crédit du Pays. Depuis 1741. jusqu'en l'année 1756. l'inévitable guerre Pragmatique, l'invasion Prussienne, & ses funestes suites, avec les remboursemens forcés des Capitaux
de la Banque, ont fait sortir de Saxe, plus d'or
& d'argent en nature, que le pays n'en eut en
circulation dans ses temps les plus heureux.
Comment les peuples se seroient ils remis de ces
pertes de substance, si le Souverain abandonnant
les vrais principes de l'Oeconomie d'Etat, pour
adopter ceux de l'Oeconomie privée, avoit par
des épargnes à contretemps, tenu en stagnation
une autre partie du suc nourrissier ? Les reproches & les accusations d'un ennemi déclaré,
touchant la gestion des affaires domestiques,
n'indiquent très souvent que les fautes qu'il
auroit souhaité voir commettre. Si Sa Majesté
Prussienne eut été persuadée, que l'administration
du Ministére Saxon devoit opérer le discrédit &
la ruine de la Saxe, elle l'auroit bien moins dé-
criée. Moi, *disoit un Ambassadeur de France*
à un premier Ministre d'Espagne, au Siécle passé,
Moi! j'aurois ordre du Roi mon Maitre de ca-
baler contre Votre Excellence! Non, Monsieur,
non, Sa Majesté T. C. vous souhaite une longue vie, & votre emploi jusqu'à votre mort. . . .

Les

Les Contributions de 1745. l'agiotage, les remboursemens, les chicanes de Magdebourg, trouvèrent leur remede dans la générosité éclairée du Roi Electeur, qui engagea plusieurs de ses Domaines, afin qu'une quantité considérable d'argent étranger entrant au même moment dans le pays, la langeur qui nait du rallantissement de la circulation, n'eut pas le temps de gagner les parties nobles de l'Etat. Sa Majesté Polonoise licencia la moitié de ses Troupes, autant pour augmenter le nombre des Cultivateurs dans les Campagnes, & des Ouvriers dans les Fabriques, que pour répandre dans le pays, d'une maniére plus avantageuse, les sommes destinées à leur entretien. Cette réforme sera t'elle une faute, parcequ'après l'événement, ceux qui pensent à la Prussienne, lui ont donné cette qualification? Jugeons par ce reproche, de la verité des autres. Seize mille hommes de Troupes sufisoient à la Saxe, si les loix Germaniques eussent veillé pour elle. Autrement, vingt-mille Soldats de plus n'auroient fait que grossir sa perte; puisque le Roi de Prusse pouvoit venir, & seroit venu, avec 80. comme avec 60. mille hommes.

Une nombreuse armée sur pié a fait, aux yeux de l'Europe, une des principales différences entre les Etats de Prusse & l'Electorat de Saxe. Mais combien peu de gens ont compris, que cette diférence étoit toute à l'avantage de ce dernier

nier pays? Le feu Roi de Prusse qui ne comptoit gueres que trois millions d'Ames dans ses Etats, y tenoit 80000. Soldats sur pié. Son Auguste Successeur, qui a environ un million de Sujets de plus, a porté son armée en temps de paix, jusqu'à 120000. tandis que l'Electeur de Saxe a eu peine à lever, pour la guerre, trente à trente cinq mille Soldats, sur environ deux millions de Sujets. Le peuple de Prusse met son bonheur à avoir son pain; & le peuple de Saxe met son malheur à n'avoir que son pain. Chez lequel des deux Souverains l'Oeconomie favorisa t'elle plus le bien-être des Sujets? Le Saxon, d'ailleurs égal en courage à tout autre Européen, préfére le travail de la Campagne & des Villes, à la penible oisiveté du Soldat. Vivre à deux *Gros* par jour, lui paroit vivre misérablement. Le Prussien quitte avidement sa maison, pour aller habiter un Corps de Garde; & il jouit de sa paye, comme un Chanoine de son bénefice. Lequel des deux est sous le meilleur Gouvernement?

Je finis, par quelques particularités touchant le Ministre des Finances du feu Roi de Prusse, le fameux Baron Eckart; qu'il est bon de connoître.

Eckart étoit Ramonneur de cheminée à Berlin, lorsqu'une spéculation sur la partie Financiére de son métier, le fit connoître avantageusement

sement au Roi Frideric Guillaume. Cet Illustre
est mort dans la disgrace du Roi glorieusement
régnant, qui n'a pas voulu de ses services, &
qui lui a même enlevé la meilleure partie des
récompenses qu'il tenoit de la reconnoissance du
Roi son Pére. Sa faveur, sous le régne précédent, fut sans bornes. Frideric Guillaume le
tenoit pour un second Colbert; & il lui fit bâtir
dans Berlin une belle maison, dont l'inscription,
placée sur la porte, en lettres d'or, disoit qu'elle étoit le monument de la gratitude Royale,
envers un excellent serviteur.

Eckart Ramonneur, proposa au Roi de pren-
lui même en parti le ramonage des cheminées
de la Capitale. Sire, *disoit-il*, il n'y a point
de cheminée qui ne vaille à son Ramonneur six
à huit *Gros* par année. La multitude des Ramonneurs a gâté le métier: personne n'y fait
plus fortune. Ce seroit bien fait de les obliger
à chercher une autre profession. Si Votre Majesté m'en croyoit, elle établiroit une Escouade
de vingt à trente Ramonneurs; il n'en faut pas
davantage pour tout Berlin, en permettant à
chacun d'avoir un Aprentif, ou deux. Elle
leur donneroit des gages, avec le Ramonnage
exclusif; & Elle imposeroit six à huit *Gros* par
an sur chaque cheminée. Le gain est clair, ce
me semble. . . . . . Frideric Guillaume gouta
le projet, & le mit en exécution : *Il ne s'agit*
que

que d'être une fois produit à la Cour. Eckart
ayant l'oreille du Roi, lui plut tellement par son
imagination Oeconomique, qu'il le fit voyager
à ses dépens, dans les Provinces, afin qu'il y
dressât des Mémoires. Le Financier observa
dans la Prusse, que les Brasseurs de Bierre tenoi-
ent leurs chaudiéres au feu, sur des tretteaux
fort élevés. Il leur représenta qu'en accourcis-
sant de quatre ou de six pouces les piés du tret-
teau, ils épargneroient le bois. Les bonnes
gens furent dociles, & remercièrent l'ingénieux
Eckart. Mais il n'étoit pas homme à les tenir
quittes de cette sorte. Il les enregîtra, pour
payer au Roi, à perpétuité, la moitié de l'argent, dont son observation leur sauvoit le
debourfé.

Ce fut par des traits de génie de cette force
qu'il augmenta de 200000. Ecus les revenus du
Roi son maitre. Il devint Conseiller Intime, &
si cher à Sa Majesté, qu'elle s'inquiétoit de sa
moindre indisposition. Lorsqu'en étudiant *Ba-
rême* avec le Monarque, il lui arrivoit de s'endor-
mir, ce Prince alloit sur la pointe des piés, ra-
brouer ceux qui grattoient à la porte, & leur
recommander de ne pas troubler le sommeil du
laborieux Eckart, si las, si fatigué, par ses veil-
les pour le service de l'Etat.

AVIS
AUX
SOUSCRIPTEURS.

Par la prefente feuille Numero onzie-
me *de l'Etat pafſé, prefent & futur
des Finances de la Saxe* la feconde demie
Année des Memoires du Tems eſt finie.

Lorſqu'au mois de Juin de l'Année
paſſée nous publiames la premiere feuille DES MEMOIRES DU TEMS,
nous y joignimes un Avertiſſement, où
nous ne nous engageames qu'a fournir
52. feuilles avant la fin de l'année.
Cependant en moins de 12. mois nous
avons fourni le double de ce nombre.
Nous avons donc fatisfaits amplement à
nos engagements.

Neantmoins on nous a perſuadé de
recommencer a nouveaux fraix. Nous
le voulons bien ; mais comme il n'y a
pas moyen de donner fur ce ton toutes
les femaines deux feuilles, amoins que
l'OB-

l'OBSERVATEUR HOLLAN-
DOIS ne trouve des matieres nouvelles a traiter, nous ne pouvons actuel-
lement nous engager que pour 26. feuilles en une demie année, ce qui fera
dorenavant une feuille par semaine, &
par consequent seulement la moitié du
Prix que l'on a payé jusqu'a present
pour un Semestre.

www.ingramcontent.com/pod-product-compliance
Lightning Source LLC
Chambersburg PA
CBHW072101080426
42733CB00010B/2178